El árbol de la vida

El árbol de la vida

Cómo caer bien a los demás en menos de 90 segundos. Aprende a leer el lenguaje corporal - Nicholas Boothman

El arte de no amargarse la vida. Las claves del cambio psicológico y la transformación personal - Rafael Santandreu

El amor no es como nos lo contaron... ni como lo inventamos - Clara Coria

Tómatelo con calma. Técnicas de relajación para mujeres que siempre van con prisas - Anna Talò

Cómo comunicarse con los demás. Técnicas para tener éxito en las relaciones sociales y laborales - Leil Lowndes

Donde tus sueños te lleven. Tu pasado no determina tu futuro - Javier Iriondo

Sé amable contigo mismo. El arte de la compasión hacia uno mismo - Kristin Neff

El don de la ira - Marcia Cannon

El método checklist. 143 listas imprescindibles para organizarse mejor el día a día - Natàlia Foguet Plaza y Martina Ros Solé

El aprendiz de la felicidad - Andreu Enrich

El estrés. Nueva edición actualizada - Arthur Rowshan

Aprender a recordar - Dominic O'Brien

Rompe con tu zona de confort - Gregory Cajina

Gregory Cajina

Rompe con tu zona de confort

52 propuestas para tomar las riendas de tu vida

ONIRO

Cubierta de Mercè Iglesias

1ª edición, mayo 2013

ISBN: 978-84-9754-657-7
Depósito legal: B-7.658-2013

Impreso en Limpergraf, S. L.
c/ Mogoda, 29-31 - 08210 Barberà del Vallès (Barcelona)

El papel utilizado para la impresión de este libro es cien por cien libre de cloro y está calificado como papel ecológico

Impreso en España – *Printed in Spain*

Introducción

Lo que pudo haber sido... y acabó siendo

Al principio yo no podía ni imaginar qué demonios estaba pasando.

Había conseguido todo aquello a lo que podría aspirar un muchacho de veintipocos años. Me crié en varios países, conseguí becas para estudiar en una de las universidades más prestigiosas de Europa, trabajaba en una de las más solventes asesorías empresariales del planeta, rodeado por la élite académica y profesional del continente; desayunaba con comisarios europeos y cenaba con vicepresidentes de multinacionales de la lista Fortune 500 mientras, a cambio, me convertía en un consumado maestro en Powerpoints, en tránsito a la dirección y, junto con el puesto, su sideral BMW Z3 descapotable. (Sí, el de James Bond.)

Sin embargo, había algo que seguía sin funcionar.

Me hallaba ¿descontento?, ¿infeliz?, ¿insatisfecho, quizá?

Me llevó un tiempo darme cuenta de que, en realidad, por dentro me sentía... hueco.

Algo no acababa de en-caja-r. De cara a la galería, mi vida era ideal. Un faro para los que venían detrás: becarios, recién licenciados, jóvenes promesas, quienes veían igualmente cómo adelantar por el carril rápido sin apenas despeinarse. Tras la puerta cerrada de mi silencio, sin embargo, me encontraba tan desorientado como un velero sin velas en mitad de una noche encapotada, sin referencias ni instrumentos. No tenía ni la más mínima idea de dónde estaba, adónde iba, y mucho menos de cómo iba a llegar allí.

Solo había una manera de subsanar esto: a golpe de disciplina. Uno no puede dejarse atropellar por las circunstancias, hay que seguir luchando, fiel a los principios que nos inculcan desde muchachos. O algo así.

De tal modo que, mañana tras mañana, obstinado que lo criaron a uno, yo amanecía como si estuviera encantado de trabajar donde y con quien lo hacía, como si me entusiasmara levantarme en una ciudad para acabar acostándome en otra, como si me interesaran las infames reuniones de *acaricialomos* regadas con testosterona y sándwiches resecos de *catering* de postín, como si responder a doscientos emails diarios encabezados con su correspondiente «Urgente» fueran la culminación de todo lo que uno puede aspirar en la vida.

Y así consumía mis jornadas (o ellas a mí), día tras día, mes a mes, año tras año.

Como les decía: eso es obstinación.

Hasta que comenzaron los temblores y ese dolor. «Es estrés», fue el diagnóstico del médico. «Ajá, gracias.» No hace falta estudiar diez años para concluir eso. «Estas pastillas, y a correr», recetó. Problema resuelto. De vuelta al despacho.

¿Me había mordido esa alimaña tan temida a la que había conseguido eludir durante años mientras iban cayendo mis compañeros de fatigas, reuniones y Powerpoints? ¿Era posible que me pasara eso a mí, que no podía perder el tiempo en trivialidades?

Pero el galeno mandaba, así que, qué remedio, antes de que tuviera que intervenir el forense, abrí la caja e ingerí la primera toma... la cual se convirtió en la última tras conseguir levantarme, absolutamente desorientado, horas después, del sofá que acogió mi desplome durante un sueño tan hueco como la vida que decidí dejar de vivir.

No, esa no podía ser la solución. Fuera pastillas.

Como alumno aplicado, empleé entonces por primera vez todas aquellas herramientas analíticas que empleaba a diario con mis clientes para revisar, con la misma minuciosidad con la que se restaura un Botticelli, cada aspecto de mi existencia, intentando hallar qué me estaba dejando en el tintero para, acto seguido, afanarme en su alcance con la misma determinación que me había llevado a mi confortable (?) situación de entonces.

Retos a mí. Por favor. Seamos serios.

Tal fue mi tesón que, en un arranque de ingenio, tomé la decisión que, con toda seguridad, colmaría ese incómodo vacío que ya comenzaba a enquistarse.

Así que me casé.

Y fue de este modo como, con apenas treinta años, creí cerrar triunfante la cuadratura del círculo salud-dinero-amor que la mayoría de la Humanidad no consigue en toda su vida. En términos de Maslow, bingo, yo ya tenía completada su célebre pirámide de necesidades con el mismo alivio que el de quien adquiere ese valiosísimo último sello que completa la colección iniciada hace generaciones. En términos kármicos, ya podía irme tranquilo al otro plano, pues todo lo que había que hacer en este estaba más que hecho.

Pero, en ocasiones, sobre todo cuando las asignaturas de Humildad y Agradecimiento no se han aprobado aún, la Vida obliga a pasar un examen propio...

Así que, transcurridos tres mil días después de haber llegado a eso tan escurridizo que podríamos llamar «éxito»...

... lo perdí todo.

O, mejor dicho, perdí todo lo que nunca fue realmente mío. Perdí todo lo que otros me inculcaron que debía tener.

En apenas unos días que no me dio tiempo ni a contar, el deslumbrante bólido de mi existencia se empotró contra mi propia cerrazón por ignorar todas las señales que se habían estado anunciando con paneles cada vez más grandes y cegadores durante a saber cuántos años. Pasé de 100 a 0 en dinero, poder, estatus, influencia, seguridad, imagen y cualquier otra cosa precedida por el verbo «tener».

Y así fue, despojado de todo lo superfluo y aguantando el aire como podía en el más enlodado de los fondos, mientras rezaba para que terminara ese tormento, cuando se despejó la incógnita que me quedaba por resolver.

No tiene sentido aferrarse a «algo seguro» porque, sencillamente, no lo hay.

Y esto sí es seguro.

Cuando uno, como individuo, vacía sus depósitos de *cosas*, comienza a tener un espacio sobrante que pide, no, *exige*, ser rellenado. Y así fue como, por fin, decidí darme el permiso de comenzar a ver con otros ojos nuevas realidades en mi entorno; de crear, permitir y provocar diferentes escenarios que yo, y no otros, valoraba como importantes. Cuando uno mira dentro de sí con detenimiento acaba concluyendo que, en realidad, solo hay dos cosas en este mundo que diferencian al que vive su vida del que sobrevive según los dictámenes de otros: la relación con uno mismo. Y, si esta funciona, entonces la relación con los demás.

Ni reuniones, ni presidentes, ni presupuestos, ni diplomas, ni viajes en *business*, ni descapotables, ni dinero, ni el éxito precocinado y envasado al vacío.

Nosotros con nosotros mismos.

Nosotros con los-otros-nosotros.

Descubrir esto es aparentemente sencillo de entender por escrito. Pero para comprenderlo, integrarlo, aprehenderlo, hubo que vivirlo.

Y para vivirlo, tuve que romper La Caja.

Que no miremos no quiere decir que no podamos ver.

Levante por unos momentos la vista de aquello que absorbe la mayor parte del tiempo de su día a día: su trabajo, sus relaciones, sus objetivos, sus anhelos, su ocio, los obstáculos, sus reveses.

Extienda los dedos y tantéela.

Quizá no la vea, pero sin duda la siente. Está ahí. De hecho, siempre lo ha estado.

Casi transparente, algo difuminada al enfocar la vista. Pero real.

Esa urna de cristal que nos encarcela y aísla, con la excusa de conservarnos protegidos, manteniéndonos separados de aquello a lo que realmente aspiramos. Una jaula, cálida y acogedora, insinuante y seductora, en la que nos encerraron/decidimos encerrarnos pensando que lo que hay dentro es, en realidad, todo lo que hay en el Universo.

El pez bucea creyendo que todo *lo que hay* y *es* está dentro de su pecera.

Eso es La Caja. O, llamémosla así, su Zona de Confort.

Pero no estamos solos en nuestra Zona de Confort. En ella también se encierran los metros cuadrados de nuestro hogar, nuestro coche, nuestro lugar de trabajo, nuestras relaciones y nuestros ocios, que nos aíslan prácticamente de todas las otras posibilidades, forzándonos a adoptar las mismas decisiones, las mismas actuaciones, las mismas rutinas heredadas de nuestro entorno, sin juicio ni debate, y repitiéndolas por mero hábito durante vidas enteras.

Aunque haga tiempo que esos hábitos dejaron de funcionar.

Pensamos, hacemos, comemos, decidimos, sentimos, hablamos, amamos y morimos dentro de esa Caja que contiene los modos, preceptos, normas, principios y reglas acerca de cómo debemos pensar, actuar, comer, decidir, sentir, hablar, amar y morir.

Quién pusiera las reglas en primer lugar, en realidad es irrelevante. Culpemos a la sociedad, a la religión, a la educación, al gobierno, a la publicidad, o a una conspiración mundial si queremos.

Hallaremos a un culpable, sin duda. Pero no habremos avanzado un solo milímetro desde donde seguimos estando: dentro de La Caja.

Ahora bien, aproximémonos con mayor detenimiento a esa Caja que nos rodea.

Acérquese más.

Eso es, ¿lo puede ver?

En realidad, esa Caja no está, ni existe fuera de nosotros. Simplemente refleja los límites que nosotros *escogemos ver* previamente en nuestro interior.

Nosotros concebimos en nuestra mente, consciente o inconscientemente, los límites, el tamaño, las aristas, la rigidez, de esa jaula transparente que llevamos puesta a todos lados y que revelamos continuamente por nuestra forma de hablar, de caminar, de trabajar, de comer, de pensar, de decidir, de amar.

1. «Eso no lo puedo hacer», nos decimos. Y, en efecto, nunca acabamos consiguiendo aquello que tanto deseamos.

   La Caja gana.

2. «No estoy preparado», nos repetimos. Y, ciertamente, nunca hallamos el modo de descifrar el problema que nos mantiene paralizados.

   La Caja vuelve a ganar.

3. «Tengo demasiados años (o demasiado pocos)», «no tengo suficientes recursos (o excesivos)», «no soy tan creativo (o lo contrario)», «no tengo la formación, la experiencia...», y nos encontramos que pasamos más tiempo horneando las perfectas y plausibles excusas «por si acaso» no conseguimos aquellas vidas alternativas y deseadas con las que seguimos soñando.

La Caja ahora ya no solo gana, sino que comienza a hacerse más pequeña.

Comienza a oprimir.

[Re]Diseñar la Vida fuera de La Caja.

Ya hemos oído suficiente acerca de esta madre de todas las crisis que tanto espacio y tiempo ocupa en los medios y en la mente de todos nosotros.

Ya está bien de alarmas, preocupaciones, porcentajes y primas de riesgo.

Ya está bien de miedo.

Llegó ya el momento de actuar y tomar las riendas de nuestras vidas como individuos y dejar de esperar que nos lo sirvan todo mascado porque antaño fue nuestro derecho. Lo de antes ha dejado de funcionar y lo nuevo aún está llegando. Estamos en tránsito desde lo viejo hacia lo nuevo.

Y son estos los mejores tiempos para reiniciar el sistema. El nuestro.

Es preciso re-enfocar lo que está sucediendo en nuestra vida para poder diseñarla, a partir de este mismo instante, por fin, según nuestro propio criterio, no conforme al que quizás hayamos estado creyendo que era nuestro criterio.

Este libro le invitará a desvelar 50 + 2 caminos para: emprender ese cambio en su vida que no puede aguardar más; aventurarse por parajes aún no desbrozados, fuera de la autopista que, nos aseguran, es el único camino; comprender, finalmente, lo que somos y cómo seguir construyéndonos; hallar inspiración cuando lo único que vemos es desierto en derredor; crear las reglas de juego cuando no se sabe (aún) a lo que se quiere jugar; rebotar más alto una vez tocado fondo; escoger, entre dos opciones mediocres, una tercera que sea óptima; aprovechar la fuerza de tener siempre la última palabra; recurrir a una técnica al alcance de la almohada para salvar esos fosos que socavan nuestro camino; aprender a aprender lo que nadie nos puede enseñar; subir nuestro listón cuando creíamos haber batido el récord; devolver la *respons-habilidad* a las víctimas-profesionales que buscan el naufragio en lugar del faro; contribuir con determinación a la tribu a la que pertenecemos; rebelarnos definitivamente contra la autoridad ¿competente?; decidir el destino de nuestra vida; soltar el lastre que nos ancla en ese mar que se desvanece y, sí, responder a la Gran Pregunta.

En estas páginas hallará modos de recalibrar muchos de los ejes de su existencia, que transita más allá de la que nos sirven precocinada desde el momento en que nacemos. En ellas navegaremos desde el ámbito de la educación hasta el del trabajo; desde lo espiritual a lo sensual; desde la crianza de los hijos hasta las relaciones en la empresa; desde la expansión de nuestro propio potencial hacia el mayor bienestar de nuestra tribu; pasearemos por los jardines de la Psicología, la Filosofía y el Arte, haciendo escala en la Neurociencia, la Historia y la Antropología, viajando en el tiempo 200.000 años atrás, y adelante, hacia el futuro; jugaremos unos instantes al tenis y nos lo apostaremos todo en un casino y, por qué no, curiosearemos qué se está haciendo en California, Holanda o África central.

Comience, si lo desea, por salirse de La Caja ahora mismo: sáltese el orden del índice de este libro y sumérjase en capítulos al azar, donde quiera que su intuición lo lleve. Déjese llevar por su lectura, durante una semana o durante un año, o léaselo de una sentada esta misma noche. Y abrace su propio cambio. Comparta con sus amistades, con sus compañeros, aquello que encuentre en las próximas páginas y que sabe que les aportará ese coraje adicional en sus propias conquistas personales. Hábleles de lo que su lectura puede también hacer por ellos. Pónganse en contacto, intercambien ideas, recursos, propuestas, proyectos.

Ya somos muchos y los estamos esperando.

¿Por mi parte?

Yo les podría decir que vivir fuera de La Caja es un paseo por el Edén, con querubines tocando el arpa, barra libre de chocolates belgas y gente sonriente paseando desnuda con hojas de parra.

Pero no, no es así. Eso es demasiado aburrido. (De acuerdo, salvo la parte de la gente desnuda.)

Es aún mejor.

Después de perder, la segunda gran lección que uno aprende es la de dejar marchar las cosas... con el fin de liberar el espacio para volver a recibir. Aunque quizá pudiera sonar extraño, estoy agradecido por esas dos lecciones y por descubrir estos 50 + 2 modos de [re]enfocar la vida fuera de La Caja que deseo compartir con ustedes durante este tiempo que conversaremos juntos.

El precio de la libertad de decidir fuera de ella es el vértigo que a veces se siente por soltar lo ¿seguro? y abrazar, en paz, los ¿im?previstos que cada día nos sirve la Vida. Algo que continúo aprendiendo mientras les escribo desde este hotel.

Pero eso es otra historia...

Tan solo unas palabras de cautela: [re]enfocar una vida fuera de La Caja, en realidad, es una decisión constante, permanente, en continua construcción.

Manténgase en el presente y hallará, por lo menos, otros 50 + 2 caminos adicionales en su transitar vital.

Distráigase y volverá a acomodarse dentro de La Caja... sin apenas advertirlo.

La Caja no se va a mover de donde está. Siempre podrá regresar a ella si lo desea.

Por tanto, ¿y si saliendo de ella pudiera conseguir aquello que, desde dentro de La Caja, se le está resistiendo?

Solo hay una forma de saberlo.

Estaré encantado de saber acerca de sus avances, de sus descubrimientos por nuevos parajes, de sus decisiones, de las nuevas vidas que están diseñando para su mayor bienestar y el de los que le rodean.

Gracias por leerlas.

Gracias por inspirarnos.

Con mis mejores deseos de éxito,

GREGORY CAJINA
Mayo 2013

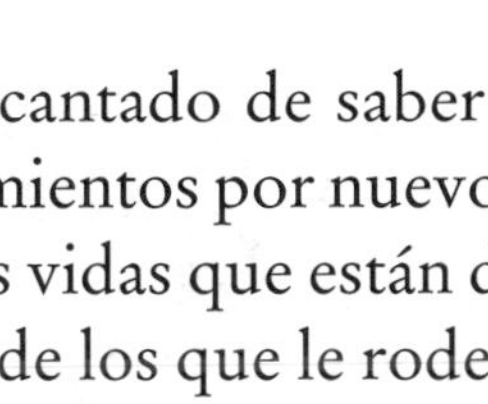

Presentación

Agitar antes de usar

Hacer *coaching* no se diferencia de otras profesiones que buscan ayudar a otros a encontrar su camino para asegurarse de que alcanzan logros ambiciosos, concretos y...

Un momento.

¿He dicho «ayudar»? No, disculpen el error. O peor, el atrevimiento.

En realidad, no ayudamos a nadie. De hecho, personalmente, he procurado ayudar lo mínimo posible durante mis cientos de horas de *coaching* en la última década a emprendedores, ejecutivos, estudiantes, jubilados, desempleados, mayores, adolescentes, y a casi todas las intersecciones entre esos colectivos.

Ayudar es, ciertamente, una de las más sutiles y, a la vez, descaradas formas de agresión. Cuando decimos «¿te ayudo?», lo que en realidad transmitimos es «quita de en medio, que no sabes, ya lo hago yo».[1] Ya solo faltaría llamar «pequeño saltamontes» a nuestro desconcertado interlocutor para consumar el magistral, aturdidor e incapacitante golpe de kung-fu que lo confunda, pese a su muy fundada sospecha de que, de hecho, lo puede hacer con sus propios recursos y competencias.

Luego no debe sorprendernos que ese supuesto desvalido nos pida que le resolvamos su siguiente disyuntiva mientras avanza habilidosamente por los sucesivos niveles del juego Angry Birds tumbado en el sofá.

No es de extrañar. Desde que somos niños, nos están diciendo constantemente lo que no podemos o debemos hacer: desde el primer «no corras» de la infancia (algo habrá en nuestro paquete genético para que todos los niños pasen de caminar a correr en apenas horas), hasta el adulto «no puedes» (cambiar de carrera, rehacer tu vida, emprender, comenzar una nueva relación, ponerte en forma, aprender un idioma, tomarte un año sabático o escalar el Aconcagua). Este recurrente bombardeo de negaciones acaba por dinamitar la confianza de un individuo en su capacidad para resolver con sus propios medios[2] los impredecibles obstáculos que la vida tiende a presentarnos.

1. Obviamente, «ayudar» es lo apropiado en situaciones de urgencia: un incendio, un hundimiento o la solución aportada por el compañero a esa infumable ecuación de tercer grado en el último examen de curso.
2. No es lo mismo «con sus propios medios» que «en soledad»: para comenzar a emprender, solo hace falta un individuo y una conexión a Internet; para mantener Amazon.com hoy hacen falta miles de colaboradores.

De ahí al «¿me ayudas?», como se figurarán, hay un muy pequeño paso.

No, gracias: «ayudar» no es una buena idea si queremos fomentar la capacidad de un individuo para conseguir sus metas.

Permítanme pues que, en su lugar, emplee el término «acompañar».

Hacer *coaching* no se diferencia de otras profesiones que buscan acompañar a otros a encontrar su camino para asegurarse de que alcanzan sus logros, es decir, salvar la distancia que hay, momentáneamente, entre lo que esa persona imagina (visualiza, sospecha o anhela) para su vida e intuye que merece y la realidad actual que lo rodea.

Sin embargo, esta disciplina tiene una cualidad única que la distingue de las demás: el trabajo de un buen *coach* es, precisamente, evitar que le vuelva a llamar su cliente, porque este habrá reencontrado la manera de trazar su camino aun con la certeza de que encontrará, antes o después, severos obstáculos.

Algunos de esos recursos y aprendizajes los encontrarán aquí, recogidos en las páginas que sostiene usted en sus manos, filtrados a través de la visión distanciada del autor. A fin de cuentas, y no se dejen impresionar por gurús que clamen en contra, en el *coaching,* tanto *coach* como cliente aprenden algo si el proceso está bien hecho. Por ello mi aspiración es que los capítulos que siguen puedan abrir al lector nuevas perspectivas ante un viejo problema o, alterar el modo de entender esa dificultad para abordarla desde otro punto de vista. Esta es la ventaja de vivir en un mundo cuya realidad es tan multidimensional y, sobre todo, interpretable, pues nos devuelve a los humanos la responsabilidad y la sabiduría de responder ante ella con efectividad en lugar de lamentarnos por su aparente imperfección.

Permítanme tan solo una precaución: no se dejen distraer por la aparente agilidad y brevedad con la que se desarrolla el contenido de cada uno de estos capítulos. Cada uno de ellos responde a una comprehensión que solo pudo manifestarse tras largas y a menudo extenuantes experiencias intermedias, incompletas, insatisfactorias, dolorosas o limitantes de personas que, a pesar de sus circunstancias, hallaron su propio camino.

En este sentido en las próximas páginas...

- ... no hallará ninguna directriz terapéutica, pues los *coaches* no somos sanadores ni consideramos a ningún individuo como un loco (salvo que por «loco» entendamos que se trata de un inconformista con tendencias a cuestionar el *statu quo* de la realidad que, desde hace un tiempo, le ha dejado de funcionar. Entonces, sí, viva la chaladura). Lo que sí hallará, no obstante, son las claves del éxito de individuos que emplearon/emplean/emplearán el coraje que todos albergamos de serie para dar ese salto y hacer realidad su sueño.
- No encontrará lecciones magistrales; hace tiempo que nos dimos cuenta de que el sistema educativo ni es sistemático ni educa. Pero usted entreverá que los aprendizajes que se recogen aquí condensan lo que sería muy difícil y tedioso explicar en voluminosos tomos. Respetamos su tiempo, apreciado lector.
- No figurarán recetas precocinadas con oscuras y eso-

téricas implicaciones paracientíficas, sino las consecuencias de experimentar con los modos en que se rige nuestro entorno para crear una realidad más acorde a nuestras aspiraciones.

En suma, en las siguientes páginas hallará algunas de las claves de éxito, aprendizajes, crecimientos personales y logros de individuos que una vez decidieron mirar directamente a sus limitaciones, encararse con ellas y dar un paso atrás antes de lanzarse a abrazar sus objetivos, con cuidado pero con feroz determinación, frecuentemente para darse cuenta de que, en efecto, el miedo se desvanecía en el éter en cuanto lo hubieron aceptado y retado.

La inmensa mayoría de los miedos que tenemos son aprendidos, vienen de fuera hacia dentro, y emanan de nuestra red de interacciones: desde los temores de nuestros primeros cuidadores hasta los que propaga nuestro medio de comunicación favorito; desde la persona con la que cohabitamos, hasta nuestros dirigentes y empleadores. Todos estos temores, la mayor parte de las veces, los utilizamos consciente o inconscientemente como excusa para no hacer algo distinto («Seguro que no sale bien porque...»), incluso aunque hacer algo distinto pudiera redundar en una mejor situación para nosotros.

Pero ¿y si resultara que la única manera de vivir, de existir de verdad, es, precisamente, enfrentándonos a esos temores?

Las sucesivas páginas le aportarán mayores, mejores o diferentes recursos para exprimir, aún más, el jugo de una vida que transcurre con asombrosa rapidez, con pulpas a veces dulces y en ocasiones amargas, con semillas que a veces se atragantan y con ciertas asperezas en el exterior de algunos frutos. Pero con la promesa de poder saciarse gracias al esfuerzo de abrazar ese logro que el primer día se presentaba tan desafiante.

Como todo buen zumo, requiere ser agitado antes de disfrutarse. Así pues: agite con fuerza aquellas sólidas ideas que hasta ahora (parecía que) funcionaban. Quizás sea este un buen momento para mirarlas desde otra perspectiva.

Permítase igualmente que afloren desde el fondo de la Caja aquellas metas que en el pasado dejó que se cubrieran de polvo por ser aparentemente imposibles.

Es ya hora de retomarlas: ese gran viaje. Crear una empresa. Dedicarse a su *hobby* favorito. Continuar estudiando. Vivir en ese tranquilo pueblo. Profundizar en relaciones personales de calidad. Obtener más tiempo «vivible» simplificando lo redundante o indeseado... Hacer realidad sus anhelos, sin aferrarse indefinidamente a la forma de vida que nos sirven desde que abrimos los ojos al nacer.

Dese el permiso de dejar de ensoñar para descubrir cómo convertir sus sueños en materia sólida.

Destape pues esa Caja invisible en la que gradual y discretamente fuimos usted y yo introducidos para servir a un sistema que ya ha dejado de funcionar. Nadie le va a pedir cuentas en el fondo. Porque a nadie le importa si sigue o no en él.

Excepto a usted.

Expóngase a pensar fuera de La Caja.

En sus manos sostiene un libro pleno de ideas para llevarlo adonde aguarda la aventura.

La aventura que solo comienza donde termina su Zona de Confort.

Para todos aquellos que han decidido
reinventar su vida.
Para todos aquellos a los que su Zona
de Confort ya se les ha quedado
demasiado pequeña.

Si quieres experimentar la paz, proporciona paz a otro.

Si deseas saber que estás protegido, haz que otros sepan que están protegidos.

Si deseas comprender mejor las cosas que son aparentemente incomprensibles, ayuda a otro a comprender mejor.

Si deseas sanar tu propia tristeza o ira, busca sanar la tristeza o la ira de otro.

Esos otros te están aguardando ahora.

Buscan tu guía, tu ayuda, tu valentía, tu fuerza, tu comprensión, tu calma en esta misma hora.

TENZIN GYATSO, DALAI LAMA

0

Prepararse demasiado es retrasar la decisión

Mire a cualquier ciudadano medio: ahí permanece, discreto, quedo, silente.

Sus sueños, sus deseos, sus proyectos, continúan respirando aunque son arrollados cada día por ese tren con destino a La Rutina. Aunque cierre los ojos en el jardín privado de cada una de sus noches, aun cuando ignore sus señales o acalle su latir, esos anhelos siguen estando ahí, aguardando a que los pula su inventiva para que desciendan de la niebla de sus ensoñaciones al imperio de lo real.

Permítanme una pregunta. En esta locura diaria en la que estamos permanentemente respondiendo a las demandas de atención inmediata de cientos de personas por docenas de canales reales y virtuales...

¿Qué puede usted hacer, hoy, por materializar ese sueño que aún no forma parte de la realidad de su vida?

Quizá se haya dicho alguna vez que para dar ese primer paso hacia esa situación suya tan deseada, aún no está suficientemente preparado, o que no es el momento adecuado, o que aún necesita más recursos, o ________, o _______, o _______ para soltarse de, no, mejor quemar, los amarres que lo retienen en un puerto lleno de todo lo que usted realmente no desea, a fin de poder navegar a tierras más fértiles y prósperas, más amorosas y generosas, más retadoras y excitantes.

Lo cierto es que *nunca* se está suficientemente preparado para la travesía: «¿Hará frío o calor allá donde voy?», «¿Qué pasará si me extravían la maleta llena de todo lo conocido?», «¿Sería mejor quedarme donde estoy?».

- Nunca se está suficientemente preparado para dejar de estudiar y comenzar a trabajar e independizarse. O para continuar coleccionando títulos académicos, evitando encararnos con un mundo endiabladamente distinto de lo que aprendimos en las aulas.
- Nunca se está suficientemente preparado para emprender un proyecto profesional nuevo; para osar hacer lo que pocos harían; para poder vivir como pocos podrían. O para continuar reclamando el derecho a un salario que nadie podrá ofrecer.
- Nunca se está suficientemente preparado para esa intimidante primera vez. O para esa última y liberadora vez.
- Nunca se está suficientemente preparado para comprometerse con esa persona tan única. O para dejarla marchar con, sí, una sonrisa, mientras abrazamos nuestro propio camino con un coraje que no sabemos aún de dónde sacaremos.

Siempre parecemos estar suficientemente preparados para posponer ese algo que sabemos que debemos hacer, a la espera de ese día de ese mes en el que creemos que lo estaremos.

¿Hasta cuándo habrá que esperar?

Hasta que estemos suficientemente hartos de continuar esperando la clave, la pauta, la senda, la revelación, que nunca parecen llegar, y mira que le hemos dado vueltas.

Aprender es aquello que comenzamos a hacer una vez que dejamos las escuelas, cuando, por fin, dejamos atrás el imperativo de memorizar los libros de otros y nos permitimos comenzar a escribir el nuestro, cuya trama y objetivo es el que el protagonista comienza a construirse a sí mismo. Mientras lo primero nos acartona mediante el cebo del hiperanálisis, lo segundo nos encuentra en cuanto comencemos a actuar.

Frecuentemente buscamos el tiempo para prepararnos más, *solo ese poco más*, con el que nos decimos estaremos más seguros antes de lanzarnos a la arena.

Ahora bien, ¿y si resultara que usted ya está preparado?

No espere a que se lo confirmen: no le hace falta la bendición o el permiso de nadie.

Solo el de usted mismo.

1

Deje de perder el tiempo: emprenda

Si ante este reto lo primero que se plantea es si un emprendedor nace o se hace, posiblemente usted ya esté buscando razones para no hacerlo. En cuyo caso, sin duda, las seguirá hallando en los próximos diez años.

Ahora bien, sepa que en sus genes está avanzar, comenzar, cambiar, mejorar, ascender, aprender, crear, compartir, colaborar... Esa es la traducción de la magia, del abracadabra, que parece ir asociada al término «emprender».

La palabra procede del latín, *in* y *prendere* (tomar, agarrar, coger). La derivación al castellano es, precisamente, esa: dirigirse a tomar algo, algo que por ahora es inaccesible.

Si tiene usted un sueño, un deseo, una meta en su vida, lo más probable es que aspire a materializarlo. Soñar, aspirar, desear, es consustancial a la vida humana. Si no sueña nada, quizá desee considerar en qué momento de su vida decidió quedarse como estaba. Sí, siempre hay obstáculos, pruebas, golpes duros en la vida (una pérdida, un despido, un cambio, sufrimientos). Pero su sueño nunca lo abandonó. Está ahí, esperando a que usted lo desempolve, lo sacuda, lo actualice, lo engrase y lo ponga a punto.

Sorpréndase, regálese a sí mismo el derecho a conseguir ese sueño.

Emprender es una cosa. Crear una empresa, otra.

Lo primero nos permite la transición, ya en la cuna, de movernos a sentarnos; de sentarnos a ponernos a gatas; de caminar a gatas a enderezarnos; de ponernos en pie a balbucear la primera de las miles de palabras que aprenderemos; de balbucear a leer, a aprender el camino al colegio, a mejorar en el equipo de baloncesto, a acercarnos para hablar con esa persona que tan atractiva nos parecía, a adquirir mayor experiencia profesional... Sea lo que sea, la vida siempre es una larga sucesión de las nuevas primeras veces de algo.

Esa tendencia innata a emprender cosas nuevas, esa fuerza interna, puede dedicarse a, claro está, construir una empresa. Pero también es lo que impulsa a un educador a mejorar la experiencia de sus alumnos, al investigador a desentrañar el genoma humano, al ingeniero a optimizar la comunicación en entornos remotos, al deportista a romper sus marcas y a establecer nuevos récords que hasta entonces se creían materialmente imposibles.

Venimos así de serie. El gen de emprender cosas nuevas está ahí. Dentro de usted.

Sí, así es: Emprender está abierto a todos, pero no todos están abiertos a emprender.

Emprenda únicamente si está dispuesto a expandir su zona de confort permanentemente, si va a iniciar un día cualquiera algo nuevo. Y si seguirá dispuesto a comenzar algo nuevo, distinto, el día de mañana. Y sí, también, al siguiente.

Emprenda únicamente si está dispuesto a vivir 365 días cada año, y no el mismo día 365 veces.

2

Menos rollos: estamos aquí para ser felices

Olvídese de lo que le dicen en televisión que usted necesita para ser feliz. Hay una serie de tipos, maestros de la publicidad, que buscan generar determinadas emociones en su mente para accionar sus resortes de compra.

«¿Aspira a ser guapo? Aféitese, depílese, enjabónese con nuestro maravilloso producto.»

«¿Quiere dinero? Participe en este concurso, compre la lotería, consolide sus deudas, líguese a un famoso.»

«¿Desea ser amado? ¿Aceptado? ¿Valorado?»

«Compre, compre, compre.»

Compramos ideas, compramos ilusiones, compramos espejismos. Y todo ello a pesar de que en nuestro idioma decimos «ser feliz», no decimos «tener feliz».

Hay muchas maneras de concebir la Felicidad, así, con mayúscula, en la vida de un individuo. Esta es la fórmula que las aúna (casi) todas:

- **El placer**: sí, dele gusto al cuerpo. Con responsabilidad, de acuerdo, pero por qué con un límite. Para eso están cableados los sentidos.

  - *Gusto*: saboree buenas viandas, que le agraden o encaprichen. Hasta la dieta más estricta permite mimarse de vez en cuando.
  - *Olfato*: perciba esos olores que le transportan a momentos o lugares fabulosos: un perfume, la hierba recién segada, la cabeza de un bebé.
  - *Tacto*: vital para nuestro sistema inmunológico. Acaricie y déjese acariciar. Abrace, que no gasta. El sexo es un aprendizaje vitalicio.
  - *Oído*: escuche solamente aquello que le genere salud. No pasará nada si no oye las tragedias de las noticias un día, ni eso lo convertirá en un insensible analfabeto. Al contrario.
  - *Vista*: deléitese con el prodigio del vuelo de un ave, de la belleza de alguien a quien ame, de la sutil complejidad del diseño de una galaxia.

- **Un propósito**: procure que lo que quiera que haga en su vida encaje en algo superior. Sí, facilitar el bienestar de otros incide directamente en el propio bienestar. Curiosamente, cuanto más da una persona, más siente que tiene y, sobre todo, que es. Hágase realmente bueno en aquello que ame hacer. Sea el mejor en eso.

- **Viva el presente**: mientras se añora el pasado, el presente se pierde. Mientras se teme o se ansía el futuro, el presente nos mira como una novia plantada en el altar, dando golpecitos con la punta del zapato en el suelo y los brazos cruzados. Planifique, pero bébase el presente.

3

¿Quién decide realmente?

Usted.

Sí: usted. No mire detrás.

Nadie más.

«Es que si no voy a trabajar, me van a despedir.» Exacto: usted decide ir porque necesita el dinero, o cualesquiera otros motivos de ir a esa inapetecible oficina.

«Es que si rompo con mi pareja, me voy a quedar solo/a.» Eso es: considere si es amor lo que siente (un compendio de pasión sensual, apego y cariño) o si está alargando artificialmente su relación tan solo porque llevan diez años juntos.

«Es que si me dedico a lo que de veras me gusta, tengo que volver a empezar de cero, y ya tengo una buena carrera profesional.» Valore si sus amigos lo recordarán por ser tan perseverante aguantando una vida que no le llena.

Si un individuo siente envidia por el éxito del otro, no es culpa de ese otro el que esa envidia se haya generado. Es el envidioso el que debe mirar dentro de sí para desterrar el germen de ese sentimiento limitante por el que su concepción de igualitarismo pasa por establecer un listón igualmente *bajo* para todos.

Si un individuo siente celos cuando oye que su pareja habla con interés de otra persona, esos celos no son responsabilidad de esta última. Es el celoso quien debe hurgar en su inseguridad para trabajarse y canalizar esos sentimientos que coartan sus decisiones racionales. El amor enlaza suavemente con seda, no encadena con hierro.

Si siente miedo ante el reto de emprender, no le eche la culpa al paro, a la recesión, al gobierno, o a los especuladores de lo fatal que está el mercado. Es el propio individuo quien debe bucear en sus particulares miedos y excusas para no dar el paso de actuar, de emprender.

Si siente temor ante los cambios, no se refugie en la creencia de que el Universo ha sido creado para hacerle la vida imposible. Es el individuo quien debe perder el miedo a equivocarse y sufrir en una vida de por sí efímera, fugaz, y que acaba igual para todos.

Mirar afuera, culpar a otro, es lo fácil. Uno siempre encuentra buenas razones para tener razón.

Mirar hacia dentro es lo valiente: responsabilizarse de uno mismo, sin cargarse de culpa ni vanagloriarse, es la semilla de la sabiduría.

Escoja lo fácil o lo valiente.

Es una decisión muy sencilla.

Sus consecuencias, muy dispares.

4

Volver a los orígenes

Los niños, apenas empiezan a caminar, tardan solo unas pocas horas en correr. Pero sus padres pronto les advierten: «No corras, que te caerás». O sea, «no hagas lo que es natural, porque te vas a hacer daño». Posteriormente les continuamos enseñando a no experimentar («No colorees fuera de la plantilla»), a rehuir toda posibilidad de dolor («Cariño, hay que regalarle una tableta porque si no se traumatiza») pues nuestra sociedad tiñe tanto al dolor como a la experimentación de fracaso, de riesgo, de inseguridad, valores inaceptables de ese lado de la moneda que preferimos ignorar. Y así se lo inculcamos a nuestros niños, día tras día, año tras año. «Cuidado. Te vas a hacer daño. Te lo dije. Haz lo que te digo.» Hasta que una mañana, siendo preadolescentes, dejan por fin de correr (riesgos).

Objetivo cumplido.

Quizás no deba sorprendernos después que, de adultos nos volvamos tan rígidos ante cualquier cambio. Qué pereza da moverse.

Nuestros primeros antepasados Sapiens, hace 200.000 años, vivían en tribus, eran cazadores-recolectores, esto es, se trasladaban en grupo donde estaba la comida, el agua y el buen clima. Unos días de acampada y «Hop, nos movemos, chicos». Todo era compartido, y no por altruismo, porque lo mandara un Auditor Universal o por una creencia en el karma; sino porque era la manera de subsistir más efectiva y eficiente. Y cuando decimos todo, era *todo*: la comida, el cuidado de los hijos, la limpieza, la curación, las relaciones íntimas con parejas no exclusivas. Todo.

El concepto de posesión se veía con recelo, pues podía hacer peligrar a toda la tribu. En consecuencia: adiós miedo a la escasez, adiós celos, adiós envidias, adiós resentimientos, adiós guerras con el vecino por el territorio... porque en ese territorio no había fronteras que defender. Vale: quizá nos desagrade pensar que ingirieran kilos de insectos (muy saludables los chapulines, por cierto, pura proteína, cero grasas) pero por esa misma razón, a ellos les sorprendería posiblemente vernos comer en un McDonald's un pedazo de bóvido. Cuestión de hábitos.

Considerémoslo. Por nuestros hábitos nos instalamos, nos apalancamos donde tenemos un contrato indefinido o eventual, la hipoteca o crédito en la tienda de la esquina. «Como para irse ahora...», razonará más de uno.

Entre nuestros antepasados Sapiens la educación de la tribu estaba orientada al éxito de la tribu: cómo cazar antílopes sin armas (persiguiéndolos durante kilómetros hasta que morían desfondados), cómo interpretar excrementos de bisonte, cómo conseguir agua cortando tallos, cómo protegerse del frío, qué plantas eran mortales y cuáles te hacían ver cielos con diamantes.

En cambio, nuestro sistema educativo «moderno» tiene como objetivo último y principal la fabricación de operarios hiperindividualistas, en serie, ya sean de cadena de montaje o de despacho en madera de nogal, que trabajarán para terratenientes y colosos de las finanzas.

No, quizá no esté tan claro que esta sociedad sea mucho mejor. ¿De veras hemos avanzado a nivel personal? ¿Como seres humanos?

Piénselo: guerras, antidepresivos, corrupción, obesidad, hambrunas, alcoholismo, abusos...

Por todo esto hay muchos individuos rebeldes, agentes latentes del cambio, que pugnan por emerger y dinamitar estos paradigmas asentados durante décadas.

Ejemplos de ello son la estrategia de compartir recursos entre emprendedores; la educación de los hijos en casa al margen del circuito educativo institucional; retorno a la alimentación integral no procesada ni artificialmente enriquecida; relaciones no exclusivas de pareja; el cuidado de niños en nuevas unidades multifamiliares; frugalidad y sustitución en el gasto diario de cosas a favor de vivencias; adopción de un estilo de vida *ralentizada* donde menos es más; repoblación de pueblos abandonados; (re)creación de economías basadas en el trueque de artículos o tiempo; hartazgo de cualquier figura de autoridad limitadora, y cuestionamiento de la representatividad de la democracia oficial.

Estos modos de actuación germinan consistentemente en campos más allá de la Zona de Confort, fuera de *lo establecido*, al margen de *lo que debe ser*.

Algunos lo tacharán de osado, de desconcertante, de anárquico incluso. Pero en realidad es la manera en que nuestra naturaleza humana siempre encuentra finalmente su camino para manifestarse como realmente *es*.

Esos ejemplos espontáneos (y apoyados por la monumental fuerza de Internet) de cooperación, de simbiosis, de iniciativa, de ingenio, de metas para un bienestar general, de compartición de recursos, nos muestran que el círculo gradualmente comienza a cerrarse tras siglos de insensatez, derroche, abuso de un sistema de crecimiento basado en preceptos meramente económicos sostenidos por una feroz competición que ya no es bienvenida por la inmensa mayoría de los individuos.

Las incontables tribus de emprendedores-de-proyectos-únicos se están agrupando para cuidar de sí mismos y ofrecer refugio a quienes no aceptan el sistema o son expulsados por este: desde niños brillantes (todos lo son) con pésimas calificaciones *oficiales* hasta profesionales y agentes libres fuera de la ley de la escala corporativa, pasando por aquellos creadores de innovación que aglutinan nuevas comunidades de pioneros de ideas que abren brecha en un mundo que les respeta.

Las señales están ahí.

Volvemos a arriesgar. Volvemos a experimentar.

Volvemos a nuestros orígenes.

5

No nos engañemos: nos encanta engañarnos

Es inevitable: juzgamos por las apariencias.

La legislación y la educación buscan unificar las percepciones que tenemos de nuestro entorno para ser socialmente (y políticamente) aceptables, lo cual es, simplemente, contra-natura.

Las enormes limitaciones de nuestros sentidos (con nuestros ojos y oídos vemos y oímos muy cortos espectros de onda) más la pereza neuronal que nos da analizar las cosas en profundidad, nos obligan a estar permanentemente interpretando, discriminando, y en incontables ocasiones *juzgando* tanto las cosas como las personas que nos rodean. De ahí la dificultad (¿o es imposibilidad?) intrínseca de un desempeño impecable entre los profesionales de lo objetivo: jueces, mediadores, médicos, periodistas, maestros, árbitros...

Dependiendo de nuestro grupo étnico, nuestro estatus social, nacionalidad, vestimenta, lugar de trabajo, orientación sexual, género, atractivo físico... absorbemos en milisegundos las primeras impresiones y automáticamente clasificamos (y nos clasifican) en «cajas» y compartimentos conforme a aquello previamente conocido o experimentado: «Este es... (*introdúzcase aquí filiación política, religión, acento al hablar*), por tanto es... (*añádase epíteto*)».

De esta forma, operamos constantemente con infinidad de prejuicios, muchos de los cuales son inútiles, limitadores o erróneos. Lo paradójico es que, de hecho, *necesitamos* esa ingente cantidad de prejuicios y asunciones para poder vivir con normalidad: no podemos procesar e interpretar conscientemente todos y cada uno de los pensamientos y percepciones de nuestros sentidos en nuestro día a día porque nos sería imposible siquiera dar un paso.

Por esto uno de los objetivos subyacentes del sistema educativo es sin duda alguna estéril: evitar que hagamos esa discriminación e interpretación, inculcando un pensamiento-único-políticamente-correcto en los alumnos es como intentar enseñar a una ardilla a que ponga huevos.

En efecto, frecuentemente a un individuo se le reprende, castiga o encarcela si interpreta (o peor: verbaliza) lo que *no debe* en relación a su entorno.

Por si esto no bastara, este objetivo explícito de los sistemas educativos actuales, las más de las veces, abona el terreno para la aparición de un subproducto, una emoción particularmente paralizante: *la culpa.* («Como [pre] juzgar es moralmente reprochable y yo [pre]juzgo, entonces yo soy moralmente reprochable.») Que ha sido, es y será una de las palancas de manipulación más efectivas de la Historia.

En consecuencia, en lugar de inculcar lo *malo* que es interpretar, valorar, juzgar, quizá sea más práctico enseñar a niños y adultos a *aceptar* al otro.

Ese otro no tiene por qué gustarle. Pero aceptar a ese individuo en su singularidad frena uno de los mecanismos de bloqueo mental más presentes en nuestras cruentas guerras: el *resentimiento* al constatar que esa persona, colectivo, ciudad, país, no es como *debería ser.* Como es diferente, es odioso.

La paz se sostiene en cuanto se acepta al otro (y a lo otro) tal cual es.

Y cuando dejamos de juzgar lo que *debiera* ser.

6

Vivir no es sobrevivir

El Homo Sapiens, tribal, cooperativo y simbiótico es genéticamente más «nosotros» que el feroz artificio capitalista del Homo Economicus, el cual se degrada humana y socialmente en su solitaria lucha contra los demás por los recursos disponibles (comida, espacio vital, parejas).

Y mientras, las empresas y corporaciones invierten millones en talleres y cursos para *recordarnos* cómo trabajar en equipo en proyectos de gestión del cambio, un eufemismo que, en infinidad de ocasiones, oculta la asunción de que los empleados van a boicotear cualquier decisión que propongan los directivos cuyo objetivo último sea que ellos perciban un bonus mayor.

La divergencia entre quiénes somos *versus* lo que quieren que seamos genera una de las razones más poderosas de la existencia del *coaching* y de todas las iniciativas que potencian el desarrollo personal. Mientras el auténtico Homo Sapiens se lanza a emprender junto a su tribu la manifestación personal y material de algo que, por ahora, solamente existe en el jardín secreto de sus sueños, el

Homo Economicus acabará trabajando para pagar deudas, muchas de las cuales procederán de un deseo latente o explícito de, paradójica y cruelmente, evadirse (física o figuradamente) del empleador que le da de comer: mejores vacaciones, *juguetes* más caros, barrios más exclusivos, automóviles más modernos. Quizás la nómina no llegue, por elevada que sea, pero el banco siempre estará dispuesto a echar una mano para asegurarse de que compramos lo que sabemos que nos merecemos.

Es entonces cuando llega el día en que amanecemos y nos hacemos conscientes de que vamos a trabajar cada mañana, básicamente, para tener una nómina con la que continuar sosteniendo los gastos mensuales de subsistencia más los de nuestros pequeños, o grandes, caprichos y más los intereses de esas vacaciones memorables que diez meses después seguimos abonando al banco.

Ya no tenemos quizás opción: hemos de ir, sí o sí, a ese trabajo, aguantar el atasco diario, enlatarnos en el autobús, reunirnos durante horas para tomar decisiones que llevan minutos, pretender estar motivados los otros 29 días del mes en los que no estamos cobrando.

Nos guste o no ese trabajo. Nos guste o no esa empresa. Nos gusten o no esas reuniones o esos atascos.

¿Esto es vivir, o solo sobrevivir?

7

Cuanto más entrega uno, más se es

Hay una serie para pequeños (*Pocoyó*) que se puede ver gratuitamente en Internet. Sin embargo, la facturación de la empresa de los creadores de dicha serie por *merchandising* es estratosférica.

A un melómano que se descargue una *app* gratuita como Shazam en su iPhone le pondrán la miel en los labios... Miel que solo podrá degustar comprando, por una mínima cuota, la versión *premium*.

Aunque parezca contra-intuitivo, entregar gratis lo que se produce es precisamente lo que puede acabar atrayendo clientes.

Este escenario es particularmente efectivo cuando ese trabajo, esa producción, procede de lo que realmente le gusta a uno hacer. Es decir, cuando es una proyección material de su propia entidad como persona. Una meta que, en fin, será más sencillo materializar fuera de las constricciones de un *Überjefe* en un trabajo por cuenta ajena.

Hay modelos de negocio en los que no hay intercambio monetario: si le gusta mi producto, no lo pague si no quiere o puede, pero viralícemelo en Facebook, Twitter o en su blog.

Hay artistas que, incluso, fomentan la piratería precisamente porque sus ingresos principales no proceden de la venta de sus producciones, sino de los eventos asociados (conciertos, suscripciones a clubes de fans, publicidad en sus webs, productos licenciados, etc.).

Obviamente, este mecanismo está abierto al abuso: hay clientes que pueden agenciarse un buen número de servicios sin pagar nada por el trabajo de otro. Hay una muy delgada línea entre probar un producto y abusar de él, como ese invitado glotón en las bodas a quien nadie, ni siquiera los novios, han visto en su vida.

En efecto, quizá esté ahora entrando en el resbaladizo terreno de lo ético, pero me expondré. Si a un individuo le gusta un documental *indie* que ha conseguido ver pirateado, quizás adquirirlo legalmente sea un acto de reconocimiento por un trabajo bien realizado que le ha satisfecho, le ha proporcionado algo de lo que antes no disfrutaba: una experiencia, un pensamiento, una idea, un entretenimiento.

Pero ¿y si no se tiene el dinero para adquirirlo?

Entonces viralizarlo es un buen método de pago: al «pasar la voz», el generador del producto puede crear una plataforma de seguidores que lo conducirá a mejorar, aún más, su oferta, su servicio.

8

¿Quién tiene la última palabra?

A veces aprender duele, hace pupa.

La humildad de recibir, ver, escuchar, el *feedback* de nuestro entorno (amigos, familia, clientes, proveedores) es determinante.

Tener la autoconfianza de saber qué nos sirve y descartar lo que no nos es útil, sin sentirnos atacados, es cuestión de práctica.

Cuando alguien inicia un proyecto nuevo (y, sobre todo, si este es particularmente rompedor), lo habitual es que en su círculo de relaciones personales haya voces que discrepen, desaconsejen o, directamente, dinamiten su iniciativa. Es normal. A fin de cuentas, nos estamos saliendo de La Caja donde nos tienen archivados en su cerebro desde que nos conocen y ahora los estamos dejando desorientados.

A nadie le agrada andar desorientado. Y menos admitirlo.

Pero no se preocupe por ellos: ya se acostumbrarán a la nueva situación. No se extrañe si, de hecho, ni siquiera usted tiene aún tan claro cuál es esa nueva situación. A fin de cuentas, su proyecto está aún en construcción: «Disculpen las molestias, estamos trabajando».

Así que no se amedrente. Expóngase pronto al surtido de negaciones que le servirán encantados todos los «negadores profesionales»: «No, así no, esto no, no se puede».

Tómelos según se los sirvan, y añádales al final «... aún».

«No... aún, así no... aún, esto no... aún, no se puede... aún.»

Y es entonces cuando será necesario retornar a la mesa de diseño para idear, crear, materializar su particular «ahora sí».

«¿Y si no hacen más que ponerme trabas?»

Entonces sopese si, quizá, debe renovar su círculo de relaciones, valorando si las que ahora tiene son un apoyo o un lastre.

No se niegue a sí mismo.

No es el proyecto de ellos.

Es el suyo.

El resto de opiniones son, eso, solo opiniones. Usted decide si son valiosas para su proyecto. O directamente irrelevantes.

Y si estas no le van a servir para crear soluciones, entonces es que posiblemente están creándole problemas.

¿Quién tiene entonces la última palabra?

9

Si no le importa a usted, no le importa a nadie

Un emprendedor muy exitoso me comentaba, mientras compartíamos la comida en un avión, que, al principio, nadie le hacía «ni puñetero caso». Nadie le compraba. Nadie le hacía pedidos. Estuvo a punto de tirar la toalla en innumerables ocasiones.

Pero ahora que las cosas le van bien, y mucho, todos le muestran su admiración, se acercan a él, casi se diría que lo veneran.

Sí: es difícil empezar si no hay apoyos.

Sí: es difícil ascender cuando hay quien, encantado, te va poniendo palitos en las ruedas.

Y sí: es difícil mantenerse arriba sin saber quiénes son tus verdaderos apoyos.

Pero, desde luego, es muchísimo mejor que estar abajo.

10

Entrando en la Zona

Dormir es vital. Sí, suena obvio, pero la realidad es que pocos duermen lo que nuestro cuerpo necesita de veras. Y lo que necesita *de veras* es el tiempo que transcurre entre acostarnos antes de medianoche y la hora en la que el cerebro se despierta solo, sin reloj externo que se lo recuerde, a la mañana siguiente. A este tiempo para dormir hay que añadir algo menos de media hora tras la comida del mediodía. Es lo que nuestro ritmo circadiano determina.

Estos dos tipos de sueño son diferentes: el de la noche es reparador (sana heridas físicas y emocionales, reconstruye tejidos, disipa miedos y airea deseos —a través del sueño—, y consolida aprendizajes —nuevos senderos neuronales—) a lo largo de tramos de unas dos-cuatro horas cada noche. Alguna de estas fases del sueño son tan profundas que fracasarían los intentos de su compañero de alcoba por amenizarle la madrugada con una sonata de vuvuzela.

El sueño de la siesta no es tan profundo y prolongado, pues funciona más como una puesta a punto de la batería que el descanso nocturno, que vendría a ser una auténtica recarga. Esta es la razón por la que muchos se sienten mentalmente abotargados o malhumorados cuando duermen una siesta demasiado larga.

Pero hay un punto, hay un espacio en ambos sueños, en el que el proceso creativo es particularmente fértil. Es ese estado de paraconsciencia en el que ni se está despierto ni se está dormido; en el que ni está uno sujeto a su ego (mis creencias, mis limitaciones, mis obstáculos, mis reglas...), ni está completamente entregado a los brazos de Morfeo.

Hay ocasiones en las que un determinado problema o cuestión que requiere creatividad nos tiene paralizados, bloqueados, de tanto darle vueltas. Aunque suene contraintuitivo, olvídese de dicho problema... pero deléguelo a su subconsciente. Es una técnica interesante. Y muy efectiva.

Acuéstese pronto en una habitación completamente oscura, con un papel y un bolígrafo en la mesita de noche y, a la mañana siguiente (o a la media hora de siesta), asegúrese de que no tiene que ir con prisa o verificar sus últimos emails.

Cuando su mente esté despertando, mantenga los ojos cerrados, permanezca quieto... y déjese transportar a ese lugar de semiinconsciencia donde todo vale y nada es juzgado, a esa Zona donde las respuestas aún no pensadas se tornan probables, y las probables se vuelven posibles. No las busque: tan solo quítese de en medio y deje que le encuentren a usted.

Inténtelo durante varias noches. En menos de una semana tendrá tantas opciones nuevas escritas en el papel de la mesita que, a partir de entonces, tendrá uno de los mejores problemas que puede tener un individuo:

Poder escoger.

11

Lo que aparenta ser no necesariamente es

Un rito o un símbolo no definen la vida que existe detrás de ellos. Pero a los humanos nos encantan los ritos por la simbología que les damos y porque simplifican nuestra vida al tener que invertir menos tiempo en determinar la respuesta a cuestiones del tipo «¿Aquí quién manda?».

Sí, nuestro cerebro es perezoso: si bien supone únicamente algo menos del 2 por ciento de nuestro peso corporal, este consume cerca del 20 por ciento de nuestra energía. De ahí que cualquier ahorro de energía (de glucosa) que nos permita un atajo en la interpretación de nuestro entorno será siempre bienvenido.

Un título distintivo, un tratamiento protocolario, unos galones, un uniforme, una tarjeta de visita, unos zapatos de marca, son símbolos, pero nada más. Cuanto más grandilocuente sea el contenido con el que investimos a un símbolo, o un rito, más autoridad le solemos conferir al investido con él.

Hay aeropuertos en los que, en la zona de escaneo de equipaje de mano, por razones de seguridad, los agentes deben seleccionar al azar a determinados individuos para una revisión particularmente concienzuda de su equipaje. Fíjense bien en cómo van vestidos aquellos a los que «ese azar» ha escogido para ser escrutados. No, no los encontrarán en la cola de pasajeros VIP o de la clase *business*.

A Einstein se le atribuye la frase «Hay que simplificar lo máximo posible las cosas... pero no demasiado». Como apunta el buen criterio del genio, esta peculiaridad del análisis humano, en infinidad de ocasiones, se lleva demasiado lejos debido a las supuestas virtudes que inferimos que debe de tener ese individuo revestido con un símbolo jerárquico.

A veces, las consecuencias de este comportamiento de los seres humanos son desastrosas: la Segunda Guerra Mundial, y sus cruentos «-ismos», fueran de un color u otro, hubieran sido impensables sin una población civil que obedecía los imperativos procedentes de arriba, como se demuestra y analiza en la obra de Goldhagen sobre la consolidación del nazismo[3] o por el propio desarrollo de los Juicios de Núremberg de 1945 y 1946 a los jerarcas nazis que pudieron ser capturados por los aliados.

Es igualmente frecuente constatar que las discusiones entre dos personas con posiciones encontradas acaban degradándose en argumentaciones sustentadas por elevados tonos de voz. Inconscientemente, se tiene la impresión de que si una persona afirma algo con particular contundencia (o unos decibelios por encima de lo socialmente acep-

3. Ver *Los verdugos voluntarios de Hitler* (1997).

table), es que esa persona sabe de lo que habla, que tiene un conocimiento superior o, simplemente, mayor credibilidad. Las discusiones a gritos, por eso, son más comunes entre semejantes, es decir, entre los que no hay ninguna relación vertical de autoridad u ocupan el mismo nivel. El hecho de alzar la voz pretende marcar esa superioridad de la que estamos hablando.

En otras ocasiones, peor aún, inferimos que el otro tiene la razón, sencillamente porque... lo dice otro: cuántas veces no habremos cambiado en la escuela nuestras respuestas en exámenes al ver que nuestro compañero de pupitre había contestado algo diferente.

Dependiendo de la circunstancia y de nuestro propio bagaje temperamental, por seguros que podamos estar en muchas oportunidades, a veces falla nuestra fe en nuestro propio conocimiento en cuanto verificamos que alguien de nuestro alrededor tiene una respuesta diferente pero sólidamente defendida, por muy inefectiva que esta sea. Un trágico ejemplo lo podemos encontrar tras los atentados del 11S en la ciudad de Nueva York: hubo personas que renunciaron a su instinto natural de abandonar las Torres Gemelas tras el impacto de los aviones debido a que otras personas, con o sin autoridad formal, opinaron que lo mejor era permanecer en sus puestos de trabajo, aguardando a que las fuerzas de seguridad y los bomberos los evacuaran o dieran instrucciones acerca de cómo proceder. Algunas personas obedecieron estas indicaciones, quizás inducidas por un lenguaje verbal y corporal transmitido por una figura impregnada de la autoconfianza y la tranquilidad a las que un individuo busca aferrarse tras un *shock* de tamaña magnitud. El desgarrador final, la consecuencia de esa interpretación errónea ante una situación crítica, la contemplamos con horror en las pantallas de televisión.

Una explicación de esto puede ser nuestra tendencia natural a la conciliación y al no-conflicto a fin de preservar el entorno de convivencia pacífica de nuestra ancestral tribu. Lo cual significa que, inconscientemente, tenemos una preferencia congénita a hallar un mal acuerdo antes que embarcarnos en una buena guerra.

Hace años se llevó a cabo un pequeño experimento en Estados Unidos en el que se comprobó que la gente que iba a cruzar una calle se quedaba parada en la acera, aunque no hubiera coches circulando, hasta que el semáforo peatonal se hubiera puesto en verde... salvo si un tipo, vestido elegantemente con traje y portando un maletín de ejecutivo, comenzaba a cruzar en rojo, en cuyo caso, el resto de la gente (de manera escalonada según su propio grado de osadía) cruzaba igualmente en rojo.

Pero háganse cuenta, que si el tipo que cruzaba la calle iba mal vestido, entonces el resto de los transeúntes se quedaba parado en la acera, criticando al loco irresponsable que se saltaba el semáforo peatonal.

Por otro lado, en el controvertido experimento que le dio fama mundial, Milgram[4] constató igualmente que las personas eran capaces de obedecer órdenes aunque entraran en conflicto con sus creencias y valores personales, inclu-

4. Ver su *Obediencia a la autoridad* (1974) o la película *El experimento* (2002), dirigida por Oliver Hirschbiegel, la cual se inspira parcialmente en la larga sombra de los descubrimientos de Milgram (si bien con un final sustancialmente más truculento.)

yendo directrices de infligir dolor a otras personas, siempre que estas provinieran de una figura de autoridad conferida por un símbolo: una bata blanca, un uniforme o un título de doctor.

Este experimento demostró que la autoridad no nos viene impuesta *per se*: somos nosotros los que investimos con ella a otros individuos. No hay jefe si no hay seguidores. No hay líder si no hay equipo. La jerarquía, si la observan, únicamente tiene sentido en un entorno de saturación de población y escasez de recursos, con el propósito de ordenar y distribuir lo que hay entre los que hay, y no necesariamente del modo más equitativo.

Es primordial, pues, que revisemos en quién estamos delegando (o, peor, entregando) la capacidad de decisión sobre lo más relevante en nuestras vidas.

Alteren el escenario, su situación, y comprobarán que en pequeñas unidades humanas la figura de autoridad es completamente innecesaria. Sin ir demasiado atrás (en términos de existencia del Universo), hace unos 200.000 años el ser humano vivía en entornos de cooperación tribales. La mediación en este contexto era la labor básica del líder: aunar esfuerzos para conseguir más alimento y mayor protección para todos. Es decir, hacer la tarta más grande.

En lugar de luchar o aplastar a otros por el (percibido como) último trozo de la mesa.

12

Distintos caminos: mismo destino

La evolución de nuestra especie, en pocas líneas, transcurre desde el momento en el que alguno de nuestros antepasados decidió descender del árbol donde dormía la siesta, erguirse sobre sus pies y cazar animales (esto es, proteínas) corriendo tras ellos hasta que caían extenuados.[5]

Estos eran los cazadores-recolectores de los que ya hemos hablado. Tomaban lo que necesitaban (no lo que se les antojaba) de la naturaleza que los rodeaba, con un mínimo impacto sobre la misma. Tanto mujeres como hombres cooperaban en igualdad absoluta de condiciones. La paternidad oficial de los pocos hijos del grupo era irrelevante, pues las relaciones íntimas se consideraban no solo con fines reproductivos sino de engrase social entre los miembros de la tribu. La progenie, por tanto, era

5. No hay otro animal terrestre que compita por diversión corriendo ultramaratones de hasta 24 horas seguidas. Fíjense en los niños: desde que empiezan a caminar, comienzan a correr. No: nuestro sitio natural no es estar atornillado en una oficina.

criada por todos los adultos y se les inculcaban modelos de integración y cooperación en aras de la supervivencia propia y del grupo.

¿Trabajo? Un par de horas de labor cada dos días y, *voilà*, unos cuantos kilos de hiperproteicos insectos para nutrir a la tribu. Si los recursos faltaban, levantaban el siempre temporal asentamiento y se desplazaban a terrenos más abundantes en alimentos. Nada de lo que preocuparse superfluamente, nada que almacenar, y poco que llevar consigo.

Posteriormente, hará unos 12.000 años, descubrimos que por motivos climatológicos (largas estaciones secas) y, quien sabe, quizás incluso por pereza (eso de ir corriendo detrás de un par de antílopes una vez cada semana, como que no siempre apetece), a alguno de esos antepasados nuestros se le ocurrió inventar la agricultura. Y con ella, el trabajo de sol a sol en tierras acotadas de las cuales no se podían mover, al requerir estas un cuidado diario e intensivo; y, junto con la agricultura, vino la domesticación de animales que, por la convivencia con ellos, amablemente nos comenzarían a transmitir una buena batería de enfermedades que hasta el momento eran extrañas a nuestro sistema inmunológico.

En otras palabras, comenzamos a alterar la naturaleza, sustituyendo unos problemas por otros (hay que construir un chalet adosado, nada de dormir bajo un árbol), creando otros nuevos (¿y si cae una tormenta de granizo y arruina mis cultivos?) y pasándonos nuestra existencia intentando buscar desde entonces soluciones a esos problemas.

De paso, comenzamos a conjugar el verbo «preocuparse».

En efecto: el avance en las técnicas de agricultura trajo consigo la posibilidad de almacenar el remanente no consumido de la producción. A su vez, esta nueva posibilidad dio origen, permítanme la osadía, a tres nuevas emociones:

a) El miedo al vecino avispado y perezoso.
b) El resentimiento/envidia de ese vecino.
c) El deseo de protegerse de dicho vecino.

Transcurrieron los años y descubrimos que la mejor manera de salvaguardar «lo mío» era crear lindes, protecciones y vallas. Pero esto no bastaba. También era fundamental asegurar que, en el futuro, el trabajo y, sobre todo, el fruto de mi trabajo en mis activos (campos y corrales) se quedaran en mi casa, en mi familia, en mis hijos.

Y fue cuando empezó a tener ¿sentido?, sustentado por el creciente poder de la sociedad moderna y los valores inculcados por las creencias religiosas de cada época, hablar del matrimonio tal como lo hemos heredado en nuestros días: *mi* mujer debe quedarse en *mi* hogar, cuidando exclusivamente de *mi* estirpe genética para que *mis* hijos reciban *mis* posesiones. En efecto: en la nueva sociedad de machos alfa la mujer se vio forzada a abandonar su rol de igualdad para ser confinada a una única misión: engendrar herederos que en un futuro recibieran, administraran y multiplicaran el patrimonio amasado por el varón.

Una misión, ciertamente, de la cual en nuestros días aún estamos asistiendo a su muy escalonada superación.

Tras siglos de hambrunas y parcial éxito de la agricultura, con una brevísima esperanza de vida, los avances en la alimentación y la medicina permiten hoy que volvamos a contar, de nuevo, con más años de existencia. Hasta hace bien poco, en términos relativos teníamos una vida equivalente a la de una polilla: nacer, crecer, reproducirnos y fenecer. No muy estimulante, la verdad. Salvo por lo tercero, quizás.

Pero en la actualidad nos encontramos con que, de repente, nos sobran tres, cuatro o cinco décadas de vida una vez que hemos pasado nuestros genes a nuestra estirpe. Y entonces nos comenzamos a plantear qué hacer con tanta vida por delante.

Y nos comenzamos a preguntar qué significa la vida. Para qué estamos aquí. Quiénes somos nosotros. Realmente.

Campos dispares del conocimiento humano dan distintas respuestas a estas preguntas.

La neurociencia sustenta que lo que somos está compuesto de:

a) Un paquete genético específico depositado en nuestro ADN por parte de nuestros progenitores (a su vez, heredado de nuestros abuelos, y así sucesivamente).
b) Experiencias, esto es, nuestra educación, nuestras vivencias, nuestras relaciones sociales, nuestro entorno.

c) Nuestra capacidad de reflexión, es decir, de analizar, sintetizar o innovar, ante la percepción de la realidad que nos rodea.

De este modo, mientras la realidad sigue siendo como es, sin más epítetos, nuestros a), b) y c) retroalimentan nuestras propias percepciones acerca de cómo interpretar esa realidad, en una perpetua y permanente iteración:

realidad → percepción → realidad

Lo que en ocasiones da lugar a pensamientos como este: creo que no merezco esa promoción → por tanto me comporto sin ambición o asertividad → no soy promocionado → confirmo lo que sospechaba: no merezco esa promoción.

Y así ocurre con todas nuestras creencias, tanto las que limitan como las que expanden nuestra existencia.

Desde la filosofía, por su parte, se responde con construcciones mentales dispares pero que dan parecidas respuestas a las mismas cuestiones.

En este sentido, una de las respuestas filosóficas de mayor alcance histórico ha sido el archiconocido «conócete a ti mismo» del Templo de Apolo en la antigua Delfos griega. No obstante, y curiosamente, una vez bien desnaturalizada y tergiversada esta máxima filosófica —análoga en el fondo a los postulados de la neurociencia— se ha convertido en una de las mayores excusas que aducen aquellos que intuyen que deben realizar cambios en sus vidas: el proverbial «es que yo soy así». Con esta simple devaluación del verdadero autoconocimiento y su consiguiente negación de todo cambio profundo, dichos individuos continúan manteniendo posiciones inefectivas pero conocidas antes de emprender nuevos derroteros quizá más óptimos para su vida.

Nietzsche, por su parte, nos lanzó un «revélate a ti mismo»,[6] el equivalente a lo que en psicología denominan «introspección»: la capacidad de analizar, extraer, extrapolar, anticipar, proyectar el futuro, lo que nos acontece, esto es, someter a examen nuestra relación con nosotros mismos y con los demás, con nuestro entorno.

Finalmente, el filósofo danés Søren Kierkegaard aventuró un enfoque existencialista muy valioso. Su «constrúyete a ti mismo» podría interpretarse como una invitación a emplear algunas de las treinta mil millones de neuronas[7] en ensamblar, pieza a pieza, lo que podría ser nuestro mejor *yo*.

Un yo que puede ser lo que nosotros deseemos y con los rasgos en los que centremos nuestra energía, nuestro tiempo, nuestras acciones, conocimientos, aprendizajes y relaciones.

«Es que yo soy así...», dirán algunos.

¿Seguro?

6. Quizá la versión con «b» («*rebélate a ti mismo*») pueda ser también motivo de exploración por mentes inquietas.
7. Equivalentes a cien mil millones de páginas. Para que luego digan que es imposible aprenderse la Tabla Periódica de los Elementos.

13

Cara o cruz. O invéntese otra moneda

Un estudiante de *coaching* me contaba que una de las personas con las que practicaba estaba paralizada ante una decisión vital: aquel tipo de disyuntiva en la que un sí o un no ya no tiene vuelta atrás. ¿Le suena?: casarse, tener hijos, mudarse a otro país, dimitir del trabajo, son decisiones que se presentan ante nosotros como cruciales cruces de caminos sin retorno y con consecuencias, sin duda, dramáticas si nos equivocamos al elegir.

Dicho de otro modo: una mujer no puede quedarse «un poco» embarazada, y uno no puede tomar a medias un avión.

En un proceso de *coaching* (y fuera de él), si la opción a) y la b) no son óptimas, entonces hay que encontrar la c), la d) o las que hagan falta.

Adicionalmente, una vez que superamos nuestra parálisis (que es lo que hacemos cuando nos freímos el cerebro a base de darle vueltas a las cosas), y empezamos realmente a analizar con método y distancia es frecuente constatar que las decisiones a) o b) al final acaban cayendo por su propio peso. La fruta está madura a su tiempo, por mucha agua o fertilizante que añadamos al árbol. Eso sí, mientras esa fruta madura, el agricultor no descuida el resto de sus frutales.

Es posible que no compartan la siguiente aseveración conmigo, pero me aventuro a exponérsela a ustedes igualmente: sí, los deseos se cumplen.

(Y no, no he tocado el minibar del hotel donde estoy ahora, se lo aseguro.)

El pequeño problema es que desconocemos cómo, cuándo y en qué forma se manifiestan esos deseos. En otras palabras, podemos desear cosas concretas, trabajar por ellas intensamente, movernos, decidir, actuar en pos de ellas y con fe en conseguirlas. Pero en última instancia, únicamente somos responsables de lo que decimos y hacemos en esta vida. Nada más.

Recuerde, si no, aquel gran deseo que se materializó en su vida paradójicamente cuando ya no lo deseaba: tanto aspirar a *aquella* oferta de trabajo, y cuando por fin le ofrecieron un puesto en otro lugar, lo llamaron de aquella. Tanto andar detrás de esa persona tan atractiva y estimulante (y que tanto le ignoraba), que, cuando edifica su vida con otra, aquella primera, de repente, parece mostrar un gran interés por usted. Tantos años dejándose las cejas estudiando algo en la confianza de que le servirá para su labor profesional y, súbitamente, por un giro de la vida, decide dar un cambio radical que acaba siendo mejor de lo que hubiera anticipado en sus más locos sueños de estudiante.

Paradójicamente, el libre albedrío puede convertirse en un caramelo de sabor amargo: demasiadas opciones ante las que decidir, la ausencia de límites, los muchos caminos, también absorben, como un agujero negro en el espacio, toda la energía. No estamos hechos para que nos coarten la libertad. Pero tampoco para demasiadas alternativas.

Nuestra mente procesa bien un número limitado de opciones. Entre ellas, sustituir un problema por otro. De forma que pasamos de no tener alternativas a tener demasiadas.

Fuércese a pensar fuera de lo establecido en su entorno. Salga ahí fuera y rompa las cosas que están pidiendo a gritos ser rotas.

Si no le convence ninguna de las opciones, sea inmisericorde consigo mismo hasta que genere otras.

Hable con un *coach*, con un amigo, con un líder, con una persona a la que le guste, no, mejor a la que le encante, romper moldes.

No deje de crearse (y creerse) retos.

Comience actuando en pequeño.

Pero pensando en grande.

Y diferente.

14

Cuando el que sigue al loco es el más sensato

Quizá los *coaches*, formadores, consultores, empresas, organizaciones... estemos obsesionados con crear, sacar y explorar la figura del líder cuando, en realidad, este pinta poco si no tiene quién le siga.

Hay muchos que, cuando ven a una persona lanzando una iniciativa (sea cambiar radicalmente de carrera profesional, mudarse a otro continente, o dar la vuelta al mundo en bicicleta), ven a un chalado. Y lo ven como un chalado porque, simplemente, está solo. Nadie más quiere hacer eso. Y como ese tipo está solo, pensamos que va a contracorriente. Ese individuo se está saltando los parámetros estandarizados de comportamiento que nos tragamos desde pequeños. Por eso lo seguimos dejando solo.

Hay seres a los que el riesgo de innovar en demasiadas ocasiones les provoca incomodidad, inseguridad, recelo.

Sin embargo, cuando aparece un tipo que va desbrozando la maleza de lo desconocido, esa persona es como un recordatorio de la heroicidad a la que todos aspiramos desde que admirábamos a nuestros ancestros cazando bisontes de mil kilos.

Por eso, en ocasiones, un día cualquiera, sin estridencias, sin fuegos de artificio, sin fanfarrias, un individuo abandona la comodidad y el calorcito de su sofá para levantarse y averiguar más de ese chalado. Le llama la atención, resuena en su interior, lo que dice y hace ese tipo-con-un-mensaje-nuevo.

Es posible que a esa primera alma interesada le haya tocado una fibra emocional el coraje que demuestra ese pionero. Quizá su ejemplo sea el empujoncito que necesitaba para animarse a acometer sus propios proyectos. Esa persona interesada celebrará su pequeño descubrimiento (no todos los días se conoce a un pionero) y buscará compartirlo con otras personas, al considerar que les aportará un gran valor a sus vidas.

Y así, de manera escalonada, con cuentagotas, más personas interesadas en ese proyecto se acercarán a ese que antes era un chalado, paso a paso, sin arriesgarse demasiado, como quien mete los pies en un nuevo mar, tanteando si el agua está muy fría.

Y cuando constatamos que el premio por nuestro tímido riesgo de tantear con los dedos de los pies esas aguas es muy superior a lo que esperábamos es cuando el ya no tan chalado se comienza a transformar ante nuestros ojos en una figura admirada.

Y, ahora sí, esto es ya lo fácil: todo el mundo quiere estar con, ser como, aprender de esa figura admirada que antes era un chalado, el cual se pregunta qué demonios ha cambiado, si él sigue, dichosamente, sintiéndose un... chalado.

Por ello, cuando lo tachen a usted de insensato por emprender ese proyecto que nadie ha acometido antes, ese que quiebra los esquemas heredados de la gente corriente enfrascada en su día a día, ese que provoca destellos de confusión en los ojos de sus interlocutores incluyendo los de su círculo más cercano, es que sin duda usted está creando, innovando, abriendo una senda, su senda, en la espesa maleza que lo rodea.

Quizás usted se dé cuenta entonces, al darse la vuelta, de que nadie lo sigue.

Seguramente sea así.

Déjeles seguir pensándoselo. Ya lo alcanzarán.

15

Esperar a la inspiración

Antes o después llega el día en que nos damos cuenta de que lo que nos venía funcionando durante años ya no parece reportarnos los buenos resultados que antaño conseguíamos. Nuestro trabajo ya no funciona. Nuestra relación de pareja ya no funciona. Nuestra situación financiera ya no funciona. Nuestra rutina diaria ya no funciona. Demonios, a veces parece que todo ha dejado de funcionar.

Llegados a este punto, hay dos vías: dejarlo todo tal como está, en la esperanza de que las cosas volverán a ser como antes, o hacer algo al respecto.

En relación a lo primero, tengo que darle dos noticias: una buena y otra mala.

La mala noticia: las cosas nunca van a volver a ser como antes.

La buena noticia: las cosas nunca van a volver a ser como antes.

¿Qué noticia prefiere? ¿La buena o la mala? Porque, en efecto, parecen ser las mismas pero quien las vuelve buenas o malas es usted. No la situación. No una divinidad. No su vecino.

Usted.

Y mientras la contemplamos dilucidando si es una noticia buena o mala, el tiempo pasa inmisericorde en nuestra dimensión, con el permiso de la física cuántica y el gozo de la industria relojera. Lo cual nos deja con la temible decisión de tener que hacer algo al respecto.

En este punto es cuando muchas personas hablan de que han de hallar *la idea* para comenzar a emprender cambios en su vida, como si aguardaran el maná, esa verdad absoluta, revelada, para construir ese negocio próspero, tener esa relación constructiva, reconvertirse a esa profesión apasionante, mudarse a la ciudad más vibrante del planeta.

Y mientras aguardan a que el cielo se abra para ellos, pocos parecen estar dispuestos a mover un dedo, a pesar de lo aparentemente oscura que se presenta la alternativa de no hacer nada.

Que arriesgue otro.

Sin embargo, en muchas, muchas ocasiones, lo que activa la aparición de esas ideas maravillosas es comenzar a actuar cuando, precisamente, no tenemos muy claro qué hacer.

La vida frecuentemente, si no siempre, nos plantea acercamientos a nuestra meta en forma de decisiones, hechos aparentemente espontáneos y encrucijadas a lo largo de nuestra ruta. Lo que sucede es que la vida no nos ofrece siempre billetes en un tren expreso con tal destino concreto y tal hora exacta de salida. Más bien nos ofrece asiento en un tren que sigue un recorrido en el que va a haber estaciones intermedias, muchas o pocas, sorteando montañas y ríos, retrocediendo o avanzando, y sin avisar por megafonía cuán lejos o cerca estamos de nuestro destino. Un mal momento para la impaciencia.

Será nuestra decisión entonces subirnos o apearnos en las múltiples estaciones, o actuaciones, confiando en que los diferentes trenes en los que nos embarquemos nos guíen a la estación central que perseguimos, pero sin *esperar a* que lo hagan. *Confiar en* y *esperar a* son dos cosas diferentes. La diferencia entre una y otra se sintetiza en una sola palabra: acción.

Solo cuando nos movemos nos libramos de la rigidez, de la inamovilidad en la que nos hallamos enfangados cuando las cosas ya no nos funcionan. Solo cuando nos movemos cambiamos de atalaya, de sentido, de energía: hablando con otros, trabajando con otros, soñando con otros, atravesando campos nunca antes explorados, retando nuestro cómodo (o temeroso) estoy-de-vuelta-de-todo. Solo cuando nos movemos las ideas hallan la puerta abierta para encontrar su camino hacia nosotros. No al revés.

Esto es lo que los viajeros de su propia vida, no los que se encastillan en ella, llaman *inspiración*.

No, no hay que esperar a que la idea venga. Vayamos a buscarla. Sin linterna ni libro, ni brújula ni recetario, sin faro y sin amarras. Pero, ah, eso sí, va a ser ella quien nos encontrará.

Acumule experiencias, expóngase, derrita el hierro de sus creencias, cuestione su modo de pensar. No se acueste sin expandir su mente, siquiera un ápice, con una idea, una persona, una vivencia, una afirmación, un contacto, una llamada, un pequeño cambio en un hábito que no funciona.

Disfrute de la búsqueda sin obsesionarse con la meta. No sucumba a la hiperracionalización. No caiga en la trampa de creer que tenemos control alguno sobre nuestro entorno.

Busque ideas *intermedias* hasta que no pueda buscar más.

Y únicamente cuando esté realmente exhausto por no haber encontrado su destino, entonces, abandónese. Quítese de en medio.

Pero deje sitio en el asiento que está a su lado.

Deje espacio para que la inspiración le encuentre a usted.

16

¿Para qué están las reglas?

Hay reglas que se deben respetar. Prometa a sus clientes menos de lo que pueda hacer y sírvales más de lo que esperan.

Hay reglas que se deben adaptar. Para empezar un negocio no hay que comenzar con un capital inicial que provenga de un préstamo asfixiante.

Hay reglas que se deben esquivar. Aunque la empresa en la que trabaje le exija lealtad incluso mientras duerme, su tiempo libre es suyo. Nadie, ¡nadie!, le impide experimentar con la monetización de sus pasatiempos y sus pasiones... si le da la real gana.

Y, sí, hay reglas que se deben romper: sobre todo aquellas que nos dicen que debemos seguir para cumplir con la concepción del mundo que tienen otros: «Tú no vales para cambiar (emprender, estudiar, ponerte en forma, seguir tu camino)». Todos las hemos oído.

Diseñe sus propias reglas.
Sígalas.
Modifíquelas.

Y, cuando dejen de servir, sálteselas.

O mejor, rómpalas.

17

Compartir para ganar

En un seminario que celebré solicité a los integrantes de los equipos que expusieran sus ideas de negocio (reales). Hubo un participante, no obstante, que se negó de plano a compartir su proyecto. Su argumento era que el resto de los participantes «le podían robar la idea».

Sin problema. Dejé que se integrara en otro equipo donde el líder sí compartió libremente su idea, a la cual se hizo trizas, se destripó, se le dio la vuelta.

Dejé que se liberara tanta energía porque el *feedback* de ese equipo era potentísimo: desvelaron las razones por las que la idea no prosperaría, otorgando así a su creador la generosidad de un grupo de personas que compartían sus impresiones desinteresadamente. El tipo en cuestión salió de la sesión reforzado, pues de tanta tormenta de ideas salió un nuevo concepto de negocio que su equipo sí valoró y elogió como realizable.

Requiere coraje someterse a la crítica de aquellos a los que nuestra idea les interesa (a los que buscan cargársela por deporte, mejor mantenerlos lejos). Sin ese coraje, el creador de una idea posiblemente se dé un soberano tortazo con el mercado real.

Expónganse. La mentalidad del grupo, en efecto, es más rica y dispar que la del individuo, por genial que sea la de este.

El primer tipo, al final, se aventuró a contar su idea. Pero desafortunadamente, el tiempo asignado a la sesión ya no daba para más.

Exponerse tiene su contraprestación si uno está abierto a encajar la crítica con una buena dosis de seguridad y a la vez de humildad.

Puede intimidar, sí. ¿Y qué?

El coste del golpe posterior es mayor que el de la humildad de exponerse antes de dar el gran salto.

18

Si busca un maestro, búsquelo cerca

La escena era muy bella.

El padre estaba dentro de la piscina, bajo el sol del verano, sonriendo y haciendo con las manos el ademán de «sígueme», mientras alentaba a su hija, de unos cuatro o cinco años, a que nadara hacia él. Obviamente era la primera vez que la niña se soltaba del bordillo de la piscina y se aventuraba a la parte honda... sin flotador.

«¡Dame la mano!», decía ella, entre temblorosa y sonriente. Es curioso cómo se entremezclan las emociones cuando una supera las fronteras de nuestra zona de comodidad. «Tómala», le decía el padre, retrocediendo disimuladamente mientras la pequeña avanzaba.

«Papá, ¡te estás moviendo!» y «¡papá, no puedo, no puedo!», gritaba ella, entre extática y temerosa.

«Que sí, hija. Si ya me has alcanzado casi... un poquito más, un poco más, vamos, vamos...», la continuaba animando él.

Y así todo el largo de aquella piscina. Brazada a brazada. Brazada a brazada.

Cuando la niña llegó, todos oímos en silencio las efusivas felicitaciones del padre mientras los observábamos. Una pequeña lagrimita traicionera delataba a la madre en el césped.

La celebración del padre con su hija, dentro del agua, fue mayúscula.

Qué energía. Qué maravilla.

La niña nadó sola, a pesar de su miedo. Sin estilo, quizá, sin elegancia. Sin cronómetros.

Pero con efectividad.

El padre creó las circunstancias para su autoconfianza, para una autonomía apoyada y sustentada.

Al día siguiente, la niña quiso explorar el siguiente límite: tirarse desde el trampolín.

El objetivo no es necesariamente llegar con estilo.

El objetivo es llegar.

19

Ir de víctima no convence a nadie (ni siquiera a usted)

En la Segunda Guerra Mundial, un soldado fue enviado al frente en pleno invierno. Sus condiciones eran penosas: apenas tenía acceso a alimento o a una ropa adecuada mientras balas y obuses se rifaban su vida cada día, tarde y noche.

Sin embargo, él aguantaba jornada tras jornada el envite gracias a los recuerdos de su novia, que lo esperaba en su país, y cuya foto portaba en un bolsillo del uniforme. Cada noche, si podía, el soldado miraba esa foto, cubierta ya de mugre y barro, y soñaba con el día en que regresaría de vuelta a sus brazos. Esa mujer era la razón que lo mantenía vivo.

Una mañana, llegó el correo con una breve carta de su novia. En ella, sin circunloquios, le decía que lo dejaba, que había hallado el amor en brazos de otro hombre y que, por favor, le devolviera la foto que le dio antes de partir al frente.

El soldado, herido en el alma, hizo lo que cualquier persona con resolución y dignidad hubiese hecho: habló con los compañeros de su unidad a quienes también habían abandonado sus novias y les pidió que le dieran todas las fotos que ya no querían guardar de aquellas mujeres.

Consiguió recopilar quince o veinte fotos, las metió en un sobre y en un trozo de papel escribió rápidamente: «Ahora no recuerdo quién eres. Por favor quédate con la foto en la que aparezcas tú y devuélveme las demás».

Solo hay verdugo si hay víctima.
Solo es víctima quien cree que lo es.

20

Adiós, oficina, adiós

Hay dos razones por las que las personas deben desplazarse a una oficina a trabajar cada mañana:

1. Su ordenador está ahí.
2. Su jefe quiere verlos delante de su ordenador.

Para lo primero, ya hay soluciones: un *smartphone*, una conexión rápida a Internet, y zap, su empresa se acaba de ahorrar el coste de alquilar los metros cuadrados que ocupa su escritorio, la electricidad de su ordenador y su impresora, y las horas en las que está a otras cosas en la máquina de café u organizando planes para el siguiente puente.

Para lo segundo, hay un trecho que recorrer aún: con el número de horas que se trabaja en España por empleado (solo Estados Unidos supera la cifra y eso con muchas menos vacaciones anuales), el país sería la locomotora de la Unión Europea. Sin embargo, o quizá por ello, en España aún hay mucha obcecación por el presentismo: el jefe ejerce de controlador reloj en mano («que para eso me pagan»). Las nuevas generaciones de líderes lo ven de otro modo: «Aseguren los recursos que su equipo necesita y, por dios, quítense de en medio».

El presente y futuro de las relaciones laborales pasan por la eliminación de las restricciones físicas y geográficas: si su despacho está en su móvil y sus datos en la nube (Steve Jobs *dixit*), entonces las opciones de establecerse como agente libre (no como empleado a una nómina pegado) son ingentes. Virtualmente ilimitadas.

Las jornadas laborales decididas por uno mismo no solo serán posibles, sino que serán lo habitual. Se acabarán las 40 horas de 9.00 a 18.00 de lunes a viernes.

La monogamia con la empresa se extinguirá.

Simultanear proyectos es lo que otorgará estatus (y buenos honorarios) al agente libre.

Y este decidirá a quién prestar sus servicios, pues la demanda por parte de las empresas será feroz.

¿Y qué recibirá a cambio? Poder ajustar el balance de su tiempo/dinero.

Y esta vez en sus propios términos.

21

¿Seguro que no tiene tiempo?

«No tengo tiempo para emprender un cambio» es una frase de lo más corriente. Siempre hay algo que hacer, más urgente, que requiere nuestra inmediata atención: responder a cada email, informarse de las noticias diez veces al día, contestar a esa llamada de teléfono que nos tendrá una hora oyendo las lamentaciones de ese infame compañero de departamento, verificar cada tuit reportando la boda del penúltimo *royal*, actualizar el Facebook con la lista de la compra de ayer o de hace dos minutos, «mira que todavía estoy en el aparcamiento del súper», o consultar el parte meteorológico de Bután.

La línea recta sigue siendo la distancia más corta entre dos puntos, cuando esos dos puntos están en un papel. En el teatro de la vida, la que vivimos en 3D pero sin gafas de regalo con las palomitas resecas, aquella en la que realmente nos movemos, cuando se decide cambiar algo lo frecuente es vivir un período de transición, de habituación a las nuevas realidades, a las nuevas maneras de actuar.

Cuando decidimos construir una nueva realidad para nuestra existencia, lo que en realidad estamos haciendo es sustituir un conjunto de problemas por otro conjunto de problemas diferentes, que, al principio, coexisten. De ahí el vértigo que puede producir transitar por una tierra de nadie entre la situación anterior y el nuevo objetivo, pues pareciera que tuviéramos lo peor de ambos mundos, mientras abandonamos lo mejor de la antigua vida sin tener muy claros los beneficios de la nueva.

Eso sí, reconozcámoslo, cambiar supone dar un salto desde el más vale malo conocido a la aventura de una vida más coherente con nuestras aspiraciones, deseos, metas y anhelos.

Para añadir una variable más a la ecuación, hasta que empieza a materializarse el cambio (hasta que comienza a rendir el negocio, hasta que uno se habitúa a su nueva ciudad, hasta que uno empieza a aprehender los matices del flamante puesto de trabajo, hasta que nuestra nueva pareja comienza a entender que uno también tiene derecho a dejar sus calcetines sucios en el suelo), los costes de mantenimiento de uno mismo siguen ahí.

Mientras se trabaja en el logro de determinado proyecto hay que seguir comiendo, cocinando, haciendo ejercicio, amando, pagando facturas, peleando con la compañía de teléfonos, esperando en la cola del ministerio, visitando al doctor, reponiendo gasolina y lavando (no irán a quedarse los calcetines ahí, ¿verdad?). O sea, consumiendo tiempo en áreas necesarias pero no aparentemente relevantes para nuestro objetivo vital.

Y uno observa a aquellos modelos de éxito a su alrededor y se comienza a preguntar cómo demonios harán para tener tiempo para todo eso. Y para más.

No hay misterio. Sin excepciones, no existe ningún emprendedor de cambios a quien le sobre el tiempo para materializar lo que persigue. Pero sí enfoca sus energías en encontrar el tiempo que requiere para lo que es realmente importante para él.

Si una persona que debe ahorrar dinero lo que hace es suprimir los costes superfluos, una persona que necesita ahorrar tiempo debe eliminar todas las actividades, relaciones, decisiones, que le hagan perder su tiempo. Ese tiempo es inelástico: no podemos alargarlo un segundo más allá de nuestra fecha de caducidad.

La diferencia entre una persona descontenta y motivada que emprende cambios y una persona descontenta y motivada que no emprende cambios no radica en cuán inteligente sea la primera, sino en lo que hacen en y con su tiempo libre. De ahí la determinación que tienen las personas realmente motivadas para aprovechar su tiempo libre.

Haga números con sus horas diarias, compútelas anualmente, calcule cuántas deja que se escapen por el desagüe, y comience a rescatarlas de ese inútil pozo.

En tiempos de crisis y cambios, es fácil reducir costes. Lo que no parece que quede tan claro es si la tan cacareada recuperación económica dependerá de una génesis espontánea, una directriz del gobierno o un capricho de las agencias de *rating*.

En realidad, la dinamización de una sociedad siempre se inicia por y en un grupo de individuos en su singularidad que alcanza una cierta masa crítica y acaba por contagiar su ímpetu a un colectivo de seguidores igualmente determinados. Y para que esa recuperación sea realmente provechosa no basta con ahorrar en costes. Es necesario invertir en nuevos procesos, avances, métodos, habilidades, proyectos, experimentos, vivencias. Pues los antiguos hace tiempo que expiraron... y nunca regresarán.

Del mismo modo, ahorre su tiempo.

E inviértalo con sabiduría.

22

Deje de buscarla: escriba su propia misión

A veces nos obsesionamos con el proverbial, casi mítico, «haz lo que quieras hacer, realmente, en la vida». Y esto, en multitud de ocasiones lleva a la frustración.

Hay personas que nacen en un entorno, digamos, desfavorable. No se sitúan precisamente en las primeras posiciones en la carrera de Fórmula 1 de la vida. De hecho, nacen sin ni siquiera los mínimos básicos con los que competir. Y miran ahí adelante, muy adelante, a los que pilotan los últimos modelos, tienen los monos de competición y los cascos más chulos, y desean ser como ellos, superarlos, avanzar en la vida.

Pero, mientras, tienen que lidiar con cosas que parecen no entorpecer a esos semidioses de la pista. Como pagar préstamos. O lidiar con despidos. O con separaciones. O con pérdidas personales. Magníficas razones para llegar a la conclusión un buen día que, en fin, tampoco debe ser tan rápido ese coche de ahí adelante (seguro que se lo han regalado sus papuchis) o que los monos y los cascos sin duda son de imitación, que me lo han contado.

A veces, la vida nos pone delante problemas o circunstancias serios que, en realidad, encierran en su núcleo el germen de *ese* cambio, de *esa* transición, necesarios, para trascender a *esa* vida deseada. Hay personas que descubren, a base de un extenuante desbrozar y desbrozar, sus oportunidades a partir de unas pérdidas severas. A fin de cuentas, es fácil crear una empresa con dinero heredado. Es sencillo ser invitado a una cena romántica cuando se nace guapo. Es fantástico ser enchufado para un gran puesto sin haber sudado los galones. Pero no es tan fácil crear una empresa sin recursos, mientras el individuo estudia y trabaja, pagando una habitación de alquiler y cuidando de alguien cercano. No es tan sencillo tornarse atractivo a través del cultivo de un rasgo de personalidad potencialmente seductor. Requiere generosas paladas de paciencia pasar la mili de becario para ganar una valiosísima experiencia como líder.

Así, muchos proyectos vitales mueren en cuanto se los tilda de fracasos. Y arrojamos la toalla con dolor, con ira, con resignación. Muchas personas acabarán asociando el fracaso de ese proyecto a su propia personalidad. En lugar de verbalizar ante otros y ante sí que «mi proyecto fracasó» o «fracasé en mi proyecto», comunican «yo soy un fracasado» y comienzan a moverse por la vida como tales. No es de sorprender que en ese punto algunos se acaben estancando durante meses, años o toda la vida.

Quizás esto sea tan solo un matiz, pero es un matiz fundamental: las personas a veces nos *equivocamos*, mientras que los proyectos *fracasan*. Un cerebro sano tiende a moverse en la dirección que mejor le beneficie, pero hará las cosas lo mejor que sepa y pueda, a fin de asegurar su éxito conforme a la información, siempre incompleta, de la que dispone en ese momento y situación. Un proyecto que no funciona sencillamente ha añadido en la coctelera la totalidad del resto de los ingredientes y variables, incluyendo aquellos sobre los que no podemos ejercer ningún control, con lo que se dará en ocasiones un resultado que no es el que nosotros anticipábamos o deseábamos.

Ciertamente, muchos, muchos, proyectos acaban fracasando. Sea porque faltó motivación, sea porque faltaron conocimientos, apoyo de un equipo o una acción más dinámica bien encaminada al cambio. En otras ocasiones, los proyectos no se materializan tan solo porque no debían *ser*, por razones e interacciones con nuestro Universo que aún se nos escapan.

Pero el hecho de que ciertos proyectos y deseos fracasen no quiere decir que no lo hagan para el mayor bien del individuo a largo plazo, por doloroso e insoportable que se presente ahora. Un divorcio libera tiempo y energía para rehacer una vida y permitir una relación realmente amorosa (propia y con otros). Un despido fulminante puede ser la semilla de la emprendeduría y la libertad de decisión sobre el propio tiempo. Una lesión permanente en un deportista puede brindar la oportunidad de reciclarse en una habilidad aún más excepcional en otra disciplina. Una quiebra financiera encierra lecciones que jamás se podrán encontrar en las mejores escuelas de negocio.

Si nos aferramos y nos definimos únicamente en función de nuestros proyectos, estamos condenados a la montaña rusa del éxito en la cúspide y del fracaso en las bajadas, y a magnificar los primeros ante otros y nosotros mismos, y justificar los segundos ante nuestro entorno o, peor, engañándonos a nosotros mismos cada noche antes de dormir.

El éxito es efímero.

El fracaso, también.

Lo que permanece es ese zigzag vital. Sin embargo, aquello que nos ancla a un estado de neutralidad emocional nos permite actuar con mayor criterio o mayor intuición sin descentrarnos ni dejarnos seducir por la fantasía del éxito perpetuo ni sucumbir a la amargura de los logros que nunca serán.

Mientras los mapas quedan obsoletos, las brújulas, no.

Del mismo modo, lo que resiste los vaivenes de la Vida es nuestro Propósito, nuestra Misión en la vida.

Nuestra Misión es como la luz de un faro en mitad de la neblina del fracaso, y un recordatorio de humildad cuando los vientos nos son muy favorables. La Misión, el Propósito de cada uno, los podemos reflejar por escrito en una frase, en un pequeño párrafo, recogiendo aquellas actuaciones, proyectos, en los que nosotros florecemos, eclosionamos; aquellos anhelos y acciones que nos aportan un mayor bienestar o felicidad, o como prefiera usted definirlo: «Me siento dichoso cuando asesoro a emprendedores para que encuentren nueva financiación y crear más empleos»; «soy feliz cuando hallo nuevos medicamentos que mejoren la calidad de un enfermo crónico»;

«desarrollo mi potencial cuando ayudo a niños a aprender a escribir»; «encuentro paz al ofrecer hospedaje rural a urbanitas estresados»; «me gusta constatar el aprendizaje de las personas a las que formo». Y un eterno, y exclusivamente personalizado, etcétera.

Todos estos propósitos tienen en común un *fin* último de bienestar personal; un *medio* (lo que sabemos hacer, decir, nuestra experiencia); unas interacciones (a quién conocemos); y muy importante, un grupo de individuos a los que usted aporta un mayor *bienestar* gracias al impacto positivo que sus actos tienen en sus vidas.

¿Cuál es su Misión en esta vida? Una pista: no la busque en posos de café o en botellas a la deriva en el océano.

Valore las posibles candidatas a ser su Misión y observe en silencio, en calma consigo mismo, lo que siente al considerar cada una. La emoción que experimente con cada una le dirá cuál es la suya.

Cuando encuentre/defina la suya, lo sabrá.

23

Esos no tan locos bajitos

Si tiene hijos , sin duda querrá lo mejor para ellos; que no les falte de nada, que puedan disponer de la mejor educación, los mejores cuidados. Que estén siempre secos, calentitos, protegidos, que coman lo que quieran, cuando quieran, que disfruten de todo lo que no pudimos disfrutar nosotros.

¿Acaso no es eso lo mejor para ellos?

No necesariamente.

Cuando éramos pequeños, presentarse en casa con las rodillas sucias y con sangre seca era la evidencia de que lo habíamos pasado bien en el parque. Y eso sin la supervisión de adultos pues, por alguna razón, no hacía falta que montaran guardia para prevenir que alguien nos hiciera mal. Si regresábamos mugrientos, nuestra madre nos mandaba a la ducha y la ropa, a lavar. Así de simple. Este rito corroboraba que habíamos estado experimentando, socializando, lidiando con los otros chavales del barrio, negociando canicas y chicles, reclamando con asertividad lo que era nuestro y aprendiendo a compartir arenas y sudores. Pocos se quedaban en su casa-búnker para ver la televisión, jugar con la consola o chatear con iconos de Internet que dicen que son nuestros amigos.

Cuando éramos pequeños, no teníamos ni la más remota idea de qué demonios era un préstamo: si tenías el dinero, lo comprabas. Si no lo tenías, tocaba ingeniárselas para generar y ahorrar, pues el dinero no crece en los árboles. ¿Les suena la frase? (Mi primer *negocio* con ocho años fue vender *pinballs* hechos con cartón y pinzas de ropa.)

Hoy sobreprotegemos a los pequeños. Sí: un niño se tiene que ensuciar para aprender a integrarse (¿alguien quiere ser el del pelo engominado?). Sí: un niño se tiene que hacer daño para aprender a cuidar de sí mismo (¿quién querría juntarse con un llorica?). Sí: un niño se la tiene que jugar para aprender a arriesgar... y a levantarse, sacudirse el polvo y recomponerse cuando se pierden todas las canicas o las chapas (¿quién no admiraba al que se había convertido en un *crack* jugando al guá o al futbolín?).

El otro factor clave para su crecimiento es que se sientan *queridos*, no rodeados de *cosas*. En muchas ocasiones los adolescentes (y los adultos) acaban recurriendo a la violencia contra otros y contra sí mismos por una ausencia de cariño (o sea, tiempo, atención) durante la infancia, el desafecto, un mínimo de contacto y tacto humanos, de comprensión, de calidez. La «ausencia estando presente» del padre/madre o tutor adulto (presencia física pero ausencia mental/emocional pues uno está viendo las noticias y se muestra indiferente a las invitaciones a jugar del pequeño, por ejemplo) es tan lesiva como una agresión para el futuro del chaval. Y esto no hay PlayStation que lo (sub)sane.

En otras palabras: lo que los pequeños necesitan es *tiempo*. El nuestro. Entre otras cosas para ayudarles a que afloren esas virtudes con las que nacen de fábrica... en lugar de insistir en convertirles en lo que nosotros *¿sabemos?* que ellos *¿deben?* ser.

Eduquen, extraigan, descubran aquello en lo que el chaval despunta y, sobre todo, *disfruta*; y proporciónele los recursos para que exprima esos talentos.

Dejemos de condenarles a desarrollar solo los talentos más demandados por el mercado («estudia algo con salida»; «hazte programador, que ganas una pasta»). Inculcándole esas ideas, quién sabe, podrá convertirle en un individuo rico de mayor... pero un individuo que antes o después se preguntará: «Pero ¿qué demonios estoy haciendo con mi vida?».

La próxima vez que jueguen con sus pequeños aprovechen la disposición cognitiva natural hacia el juego que tenemos los humanos para observar los diferentes talentos naturales que manifiesten. Lo sabrán por la inusual habilidad y disfrute que demuestren.

Fíjense en su uso del lenguaje (con ustedes, el próximo Nobel de Literatura); su destreza en el uso de su capacidad motora (¿un nuevo atleta en ciernes?); su habilidad artística (pintura, escultura, arquitectura/construcción, música, diseño); su empatía y simpatía (consigo mismo, con los demás); y, por supuesto, la habilidad que nuestra sociedad ceba con esteroides: la lógica cartesiana.

Tomen nota del modo en que el pequeño juega, en cómo se desenvuelve. Escriba algunos ejemplos, aunque sean anecdóticos, de aquello con lo que (son)ríe y, encima, es bueno haciendo.

El esfuerzo de usted hoy le ahorrará mañana a ese niño el tiempo, la energía y el dinero que, de lo contrario, deberá invertir en que alguien le ayude a descifrar por dónde guiar sus pasos profesionales más allá de las avenidas convenientemente pavimentadas y *con salida*.

Y para acabar: nuestros hijos *no* son propiedad nuestra. No lo son. Nuestra misión para con ellos, paradójicamente, es que *nos abandonen*. Que llegue el día en que nos inviten a *su* casa a comer los domingos porque así lo desean.

Ese debe ser nuestro legado a los pequeños; que tengan autonomía para responsabilizarse de las decisiones que afecten a cada área de su vida y que esta les pondrá sobre la mesa más pronto de lo que quisiéramos creer en forma de problemas/retos: trabajar por menos (no solo dinerariamente) de lo que vale su talento; involucrarse emocionalmente en relaciones tóxicas; achantarse ante los desafíos de acometer un buen proyecto; bloquearse ante la ausencia de información o con información errónea.

O escatimarse a sí mismos sus propias aspiraciones.

24

Optimista o positivo

El cerebro tiene un dispositivo (SAR, Sistema de Activación Reticular) que actúa de interruptor para conectar o desactivar las conexiones dispuestas entre nuestra mente racional y la de supervivencia y que se dispara ante el miedo.

Cuando experimentamos cierto miedo, temor, podemos actuar acordemente (buscar opciones) aprovechando el *subidón* de los productos químicos vigorizantes que nuestro propio cuerpo genera. Sin embargo, cuando el grado de miedo es demasiado elevado y nos adentramos en el campo del pánico, ese resorte salta, desconectando nuestra mente racional para pasar al modo de supervivencia: luchar, huir o, con terror extremo, quedarnos paralizados.

La disposición de un individuo positivo es muy efectiva ante problemáticas potencialmente generadoras de miedo extremo.

Con una orientación positiva basada en la autoconfianza y el autoconcepto, el individuo tiene la *certeza* de que hay una (o más) soluciones ante ese contratiempo y, si no las halla *presto*, dedicará sus energías a pensar, visualizar, fabricarse, actuar (y a veces a abandonarse a y confiar en) esas opciones que *aún* no son ni están.

Es sensato actuar de este modo: con ese grado de certidumbre interior, nuestro cerebro se relaja y puede responder o, incluso, anticiparse con criterio y agilidad a las circunstancias. Sin esa confianza en los propios recursos, el miedo, exacerbado por nuestra percepción subjetiva y, por tanto, distorsionadora de la realidad, puede pasar de un salto al pánico. Y es entonces cuando dejamos de regir y nos vemos arrastrados a la irracional guía de nuestro instinto de supervivencia.

Ser positivo implica comportarse como un incombustible buscador de opciones válidas. O en otras palabras, en esta competencia personal radica la permanente habilidad de *abstraerse* del escenario para pensar con criterio fuera de La Caja.

Por su parte, un optimista, en lugar de cambiar su propia disposición (su mirada/perspectiva interior) para generar las mejores opciones ante un problema de cierta magnitud, opta por creerse que la situación (evento externo) no supone tal problema, que este no es tan considerable, o que cuenta con más tiempo del que realmente dispone para reaccionar.

Que tampoco es para tanto, vamos.

Ser optimista puede salir muy caro. El optimismo anestesia la parte de nuestra mente que clama por advertirnos de que algo no está funcionando bien, acallándola y distorsionando, aún más, la percepción del escenario que deberíamos estar valorando con mayor rigor.

Si se formara en el océano Atlántico un huracán de categoría 5, el más destructivo en la escala Saffir-Simpson, un turista *positivo* de paso por el Caribe se centraría en hallar las mejores opciones para guarecerse, sin pánico... incluso aunque lo más cerca que haya estado nunca de un huracán fuera la definición que de él da el diccionario.

Un *optimista*, por su parte, aguardará mirando a las nubes, confiando en que el huracán solo sean finalmente unas rachas de mucho viento.

«Solo será algo de viento. Ponme otra piña colada, por favor.»

25

Distracciones, distracciones

A veces, con la decisión no basta.

Sucede a menudo: nos encontramos delante de la situación que nos tiene dubitativos, preocupados. Incluso, estancados. No sabemos qué hacer: cualquier decisión nos parece la perdedora.

Finalmente, nos armamos de valor, nos lanzamos al agua y decidimos emprender ese cambio tan necesario en nuestras vidas.

A partir de este punto pueden suceder dos cosas: 1) que, de repente, todo parezca encajar... como si durante todo ese tiempo el Universo hubiera estado esperando a que nos decidiéramos; 2) que algo muy atractivo nos tiente a desviarnos del rumbo tras el esfuerzo de soltar amarras.

En la mitología griega se narra que los seductores cantos de las sirenas distraían a los recios navegantes, quienes, ciegos de amor, desviaban el curso de su embarcación hacia las rocas donde se hallaban esas bellezas.

Perder la atención lleva al naufragio.

Quizás uno tarda años en decidirse a ser su propio jefe. Años. Y, sin embargo, a las dos semanas de comenzar a serlo, le tientan con, posiblemente, uno de los puestos de dirección más relevantes y con mayor visibilidad de su país. Un salario de seis dígitos. Y debe decidir si renunciar en un segundo a todo aquello para lo que (se supone) se preparó a lo largo de toda una vida laboral. Y cuando acaba por declinar la oferta, el cazatalentos de turno se enoja con usted, tachándolo de irresponsable por arrojar su carrera por la borda.

O quizás le ofrecen un proyecto apasionante... a cinco mil kilómetros de su hogar. Su entorno, aun queriendo lo mejor para usted, no acaba de ayudarle precisamente: «Pero ¿cómo te vas a ir si tu familia está aquí?», «pero ¿cómo te vas a trasladar allí si como aquí no se vive en ningún otro sitio?», «pero ¿estás seguro de lo que estás haciendo?», «pero ¿te das cuenta de que luego será difícil regresar?».

Pero, pero, pero... Cuántos peros.

Es extenuante.

Andar explicando a otros (¿justificando?) estas decisiones acaba por hacer desistir a más de uno.

Sí: en ocasiones, la Vida lanza cebos para ver si uno muerde el anzuelo y así comprobar cuán comprometido se halla con su propia causa.

Tras años de pasarlas canutas en su puesto de trabajo, M. aspiraba a cambiar de profesión, para lo que se pasó más de una década estudiando una carrera y un máster por las noches. Once años concretamente. Once. Eso son muchas noches de esfuerzo.

Quería abandonar su puesto pues estaba harta, machacada. Y, sin embargo, todo el mundo le reprochaba que fuera una ingrata que no sabía valorar la suerte que tenía: «No te das cuenta de que al menos tienes un trabajo, con la que está cayendo...». Y sintió miedo, mucho miedo. Sobre todo cuando calibraba la altura del salto que quería dar, salto magnificado por los comentarios de aquellos que supuestamente la querían bien.

Finalmente, se decidió a lanzarse al vacío: ahorró lo suficiente para dejar durante unos meses un empleo estable que la estaba quemando, en la confianza de centrarse para hallar algo mejor.

Et voilà: el trabajo de sus sueños *apareció* (se lo ofrecieron sin enviar ni un solo currículum) a los seis días de estar oficialmente desempleada (o, como ella decía: «libre»).

Definitivamente, cuando el alumno está preparado, el maestro aparece.

La *oportunidad* siempre surge cuando ha habido una *preparación*. Sin una preparación, la primera podría permanecer bailando una polca ante nuestros ojos, que jamás la veríamos. Sin la oportunidad, solo resta aguardar, observar, actuar, relacionarse... mientras se sigue uno preparando, preparando, preparando y desenrollando la alfombra de bienvenida para cuando la(s) oportunidad(es) se manifieste(n).

No les estoy contando un cuento de hadas: sin esos once años de duro y continuado sacrificio, sin los contactos que estableció en el proceso, sin prestar un servicio impecable a los clientes a pesar de detestar el trabajo, sin la madurez que le dieron esos años de esfuerzo, sin el coraje de buscar donde *todavía* no lo había hecho, este pequeño ¿milagro? no hubiera sido posible.

Era cuestión de prepararse, prepararse, prepararse. De observar. Hablar con otros. Actuar. Formarse.

Y, finalmente, dejarse fluir. Confiar.

Y entonces todo encaja.

Todo encaja.

Hasta que lleguen sus oportunidades, continúe preparándose.

No las deje ahí solas. Llevan ya un buen rato sentadas, esperando a que usted las saque a bailar.

26

No se preocupe: a veces uno no sabe lo que quiere

Nadie lo admite, pero es así. Un número elevadísimo de personas no tiene ni la más remota idea de qué quiere, de veras, hacer con su vida.

La inercia, ya lo expuso Newton, es el estado que consume menos energía. Es más fácil dejarse llevar que emprender un cambio. Aunque sea un cambio a nuestro favor.

Entre padres, profesores, entrenadores, guías, mentores, compañeros, jefes, presidentes, sacerdotes, gurús, tarotistas, médicos, psicólogos, asesores fiscales, algunas parejas y ciertas supuestas amistades, nos pasamos más de veinte años siguiendo las directrices de otros.

Y ojo con salirse de la foto.

Sin embargo, antes o después, llega el día en que decidimos que sí, «que me quiero salir de la bendita foto». Que queremos explorar nuevos senderos, hollar nuevas cumbres. Y nos levantamos de la banqueta para romper el encuadre en el que llevamos tantos años quietos, tal y como los demás esperaban de nosotros.

Y entonces no es infrecuente que nos sintamos extraviados, que nos hallemos perdidos ante una inmensurable constelación de decisiones, ante toda la inmanejable realidad que está *fuera* de la foto.

Y en esos momentos comenzamos a pensar que, bueno, tampoco se estaba tan mal dentro de la foto. A fin de cuentas, dentro de ella todo sigue como siempre, como debe ser: la misma gente; el mismo trabajo sin sentido; el mismo estilo de ropa; el mismo peinado aunque haya menos pelo; la misma sonrisa de dispara-la-foto-de-una-vez; la misma mirada a una lente inane... la misma rutina predecible. Y regresamos solitos a ese encuadre preestablecido. Qué alegría se llevarán los demás. Cómo me gusta hacer felices a los demás. A todos los que no son *yo*, concretamente.

Otros resistirán la atracción de ese calorcito conocido y decidirán cohabitar con el frío de lo desconocido, de los nuevos proyectos, las nuevas amistades, los nuevos idiomas, los nuevos trabajos, las nuevas disciplinas por aprender.

Quizás estos no tengan muy claro qué quieren hacer. Lo que sí tienen claro es lo que ya no quieren hacer.

Cuando un artista pinta un retrato, suele enfocar su obra de una de estas dos maneras:

a) Pinta directamente el retrato.
b) Pinta todo lo que *no* es el retrato. Para después borrar lo que sobra.

Miguel Ángel afirmaba que él no esculpía nada; que solo eliminaba el mármol que ocultaba a su *Piedad*, a su *Moisés* o a su *David*.

Cuando una persona descubre, decide y está determinada a cambiar las decisiones que afectan a su vida cotidiana, se suele encontrar con que no tiene claro qué quiere hacer. Es más, posiblemente, tenerlo claro (sea lo que sea ese «lo») es la excepción.

Además, a menudo caemos en el error de que para cambiar *solo* hay que dar el salto de la situación actual a la deseada.

No es así.

Lo habitual es emprender una travesía desde la situación actual a una o varias situaciones deseadas, que, la mayor parte de las veces, son una etapa intermedia, de transición, a veces de avituallamiento incluso, etapas que al principio tienen más pinta de tierra de nadie que de Tierra Prometida: ni lo conocido inefectivo, ni el vergel del Edén que imagino que es mi destino.

Estas travesías no solo se navegan escogiendo rutas... sino también escogiendo *no-rutas*: «Quiero emprender, no sé en qué, pero nada que ver con bienes industriales»; «quiero cambiar de trabajo, no sé a cuál, pero seguro que a nada que tenga que ver con "lo mío"»; «quisiera encontrar pareja, no sé cómo ha de ser, pero tengo claro cómo no quiero que sea».

A veces escogemos por eliminación. Se puede ir deshojando así la margarita de la elección: deshaciéndonos de lo estéril de la vida, cada día algo, de lo que nos consume tiempo y energía, de lo que nos debilita. Limando de nuestra existencia aquello que no nos funciona: relaciones, trabajos, sueños que no son realmente tales, agujeros por donde perdemos nuestra energía emocional o física.

Cada elección implica infinitas no-elecciones. Incluso no hacer nada es una elección. Es imposible la no-elección.

Potente herramienta esta, la de elegir.

Pero qué aparentemente inocuo es ir cediendo, entregando esa herramienta a otros para que la empleen *por* y *en* nosotros en lugar de ser nosotros quienes la calibremos, afinemos, renovemos, pulamos.

Si no puede atravesar ese río a nado, construya un puente. Si no puede construir un puente, construya una barca. Si no puede construir una barca, vadee el río. Si no puede vadearlo, baje corriente abajo. Si no puede bajar, construya un dique.

Haga lo que haga, también está escogiendo *dejar de hacer* lo que *no* quiere, lo que *no* le funciona.

Como continuar sonriendo sin ganas para esa foto.

27

Descifre el mensaje codificado en su problema

Hay un buen número de plataformas y perspectivas desde las que observar lo que le pasa a una persona: nuestros problemas muchas veces son reflejo de la manera en que pensamos, de nuestros modos de entender el mundo en función de determinados adjetivos (bueno, ético, útil, trágico, maravilloso) que les adjudicamos nosotros.

Nuestras creencias se traslucen, además, en nuestras expectativas ante lo que está sucediendo. En otras palabras: estamos predispuestos a ver lo que queremos ver (o ya pre-vemos en nuestra imaginación), a experimentar lo que esperamos experimentar, e incluso a *tener razón* al constatar que aquel escenario que precisamente estábamos intentando evitar acaba manifestándose en la realidad. Si usted busca con determinación cochecitos morados para trillizos por las calles de su ciudad, le sorprenderá descubrir cuántos encuentra.

Si un problema tiende a repetirse (¿cuántas personas encadenan parejas idénticamente incompatibles, las mismas colaboraciones en entornos laborales rutinarios, las mismas precariedades financieras, una y otra y otra vez?), quizás haya que alterar, siquiera por probar, las expectativas que uno tiene en relación a áreas concretas de su vida que crean un problema que, de forma predecible, siempre regresa como el caballo roto del tiovivo sobre el que nadie quiere subirse. Idealmente, cuando esto sucede, la persona protagonista de su vida es la que lo tiene más fácil para cambiar las lentes de sus percepciones y, por tanto, su interpretación de la situación.

Detrás de todo problema hay un mensaje que reclama nuestra introspección.

Sí, detrás de cada problema hay una clave que nos aguarda, no al final de un arco iris, sino en su comienzo, en su origen: dentro de nosotros mismos.

Solamente la *presencia en el presente*, la toma de conciencia, el darnos cuenta, de que lo que nos atenaza ha sido, en muchas ocasiones (¿todas?) permitido, creado por nosotros mismos (evitar un cambio que sabíamos necesario; escondernos ante el vértigo que ahora debemos digerir; posponer esa decisión que intuíamos había que asumir antes o después; iniciar un hábito que sospechábamos que nos dañaría); nos abre la vía para crear vidas diferentes para nosotros.

Nuestras realidades cotidianas pueden ser alteradas a partir de dos inclinaciones humanas bien sencillas: experimentar más aquello que deseamos y tener menos de aquello que nos disgusta.

Únicamente con la asunción individual de nuestra *responsabilidad* en la co-creación de nuestros problemas, estos dejan de tener *culpables* (otros agentes o, incluso, uno mismo), para convertirse así en aliados («¿Qué demonios me está diciendo este problema acerca de mí mismo?»).

Asumir la responsabilidad no implica necesariamente que sea placentero de partida. Sí es liberador, pero solamente cuando se acepta *en paz*. Al proceder así nos libramos de las excusas ante otros y ante nosotros mismos y dejamos de atribuir a terceros las causas y consecuencias de lo que nosotros invocamos. Ya no podemos confirmar nuestra supuesta impotencia ante las situaciones que nos vienen torcidas, ya no podemos seguir flotando en un cascarón a la deriva golpeados por las olas del azar.

Tener problemas significa varias cosas.

Que uno es adulto. Que uno sigue vivo.

Que uno puede optar por resolver esos problemas y aprender, o por seguir subiéndose en ese caballo roto.

28

Si no le apetece hacerlo, hágalo ahora (y quíteselo de en medio)

Procrastinar es el *arte* de poner en funcionamiento las perfectas excusas para no hacer algo: perderse en la web («miraba, a ver qué/quién hay»), reunirse («recopilamos opiniones y debatimos acerca de todo menos de la memez que quiere hacer el jefe, que cualquiera se lo dice»), posponer acciones realmente valiosas para uno mismo («es queee... mucho trabajo en la oficina, mire»), mantener relaciones vacías («tengo que quedar a comer con él/ella aunque es una pérdida de tiempo. Bueno, nunca se sabe»).

Si ese tipo de su departamento lleva dos semanas sin hacer esa llamada de teléfono tan importante para su negocio, debe de ser realmente un artista para seguir haciendo creer a los demás que «es que, realmente, no he parado». Con la connivencia de los que miran haciendo como que no ven.

Podemos ser verdaderos artistas en convertir cualquier excusa en algo creíble, aceptable y justificable para nosotros mismos y ante los demás.

Y los demás podrán seguir haciendo *como que* se lo creen.

Entonces ¿a quién estamos realmente engañando?

29

Lo que realmente nos hace ricos

Cenaba hace unos meses en un pequeño restaurante muy demandado que abre solo del día uno al veinticinco de cada mes, pues el resto de los días los dueños aprovechan para viajar al extranjero. No está mal como negocio: de hecho, a pesar de recibir más que sugerentes ofertas por franquiciar su concepto culinario, ambos dueños han renunciado expresamente a crecer como empresa y han decidido centrarse en lo que más les gusta en la vida: cocinar, lo que les reporta unos elevados ingresos; y viajar con el dinero generado durante el mes.

Un día conversábamos animadamente los cinco en una sobremesa acerca de una visita con que se regalaron, allá por el año 1998, a varios parques nacionales en Canadá. Tras años de ahorro, era la primera vez que salían de Europa.

Uno decía que con el dinero que se gastaron durante aquellas semanas se podrían haber comprado un muy buen coche. Qué duda cabe.

El otro respondió que si hubieran comprado un coche, jamás hubieran vivido esa experiencia. Que no habrían disfrutado como lo hicieron. Que no hubieran podido atesorar tan gratos recuerdos. Que no hubieran podido recopilar aquel soberbio álbum de fotos. Que no hubieran podido estrechar su relación durante aquella convivencia fuera de lo habitual. Que no hubieran podido sonreír al recordar aquellas vivencias, como si el mismísimo Scotty desde la nave interestelar *Enterprise* los hubiera teletransportado en ese mismo instante de regreso a aquellos bosques de Canadá.

Ese coche, sin duda, hoy sería un montón de kilos de metal con enormes costes anuales.

Hay una diferencia entre *gastar* dinero y *emplear* dinero. Es una diferencia muy subjetiva. Depende de cada cual. Solamente uno puede determinar cuándo está disfrutando su dinero o quemándolo.

Hay una premisa clara: cuando uno muere, no se puede llevar consigo ni un céntimo. Cero. Nada. Rosco. *Nothing*.

Pero la vida, cuando desborda de incontables experiencias positivas (algunas de las cuales, sí, se han comprado con dinero), gana un particular y *enriquecedor* sentido para el que la vive. Sobre todo, si son compartidas.

Cuando el dinero está ahí, pues, ¿qué hacer?: ¿comprar cosas, catalogadas como valiosas por la sociedad, o vivir experiencias?

O quizás, otra cuestión aún más relevante es si, más importante aún que acumular dinero, es encontrar el *tiempo* para disfrutar experiencias.

«Colecciono ya solo vinos malos porque si el vino que tengo es bueno y la persona está ahí... lo voy a abrir.»

Acumular, por el mero hecho de acumular, de repente adquiere un significado diferente.

Ninguno.

30

Rebotando más alto: resiliencia

> El éxito se mide por cuán alto rebotas una vez que has tocado fondo.
>
> GEORGE S. PATTON (1885-1945)

Esta breve frase sintetiza lo que entendemos por *resiliencia*.

La crisis, o mejor dicho, *esta* crisis no es financiera, o al menos, no solamente. Mientras usted lee estas líneas se está consolidando un cambio de conciencia, o de concienciación, en nuestro sistema político, social, económico, de valores, que destapa la mascarada de las reuniones del G20:

- El sistema laboral, como lo entendimos hasta hace una década, no volverá. Estamos ante, posiblemente, la mejor (no necesariamente fácil ni sencilla) oportunidad de éxito para los agentes libres que trabajen en redes simbióticas.[8]

- El dinero está dejando de adquirir protagonismo como fin, y está volviendo a la posición de la que nunca debió salir: ser un medio de comprar otra cosa con un valor incalculable: nuestro finito y precioso tiempo.

8. Ver: Gregory Cajina, *Coaching para Emprender* (2010).

- El público ya no busca proyectos vitales basados en tener una casa/hipoteca, espos@s, niñ@s, mascotas, pantalla plana (no necesariamente en ese orden). El público se identifica con lo que hace, *es* lo que hace. Y ya no quiere hacer cosas que no son él/ella. La frase «Trabajo en lo mío» está tomando un nuevo significado: en lugar de pasar toda la vida tratando de encajar desempeñando una tarea condenada a la frustración, ahora «me construyo una misión, una labor, un proyecto, mío, en el que trabajo».

  – Se ha abierto la veda. Ya no hay límite para la creación o la elección de proyectos vitales donde trabajar. Conozco individuos con más de seis tarjetas de visita diferentes que reflejan cada uno de sus proyectos. ¿Esquizofrenia? No: multi-elección.

- Seguimos secuencias laborales, vitales, financieras, cada vez con más puntos de inflexión, de cambios de tendencia, ascendente/descendente, más frecuentes. Los proverbiales ciclos de siete años que muestro aquí en dos gráficas (el superior referido al *antes*; el inferior al *ahora-mañana*) se han acortado mucho. En otras palabras, nos pasamos más tiempo en tránsito de una estación a otra que de pie, esperando a que pase otro tren.

- Lo que ayer era lo más *común* («no puedo cambiar de carrera, llevo mucho tiempo haciendo lo mismo», «me quedan solo x años más en esta empresa para jubilarme», «ya tengo casa, ya estoy seguro»); y lo que era *raro* («estoy en una etapa de transición», «le he dado la vuelta a mi vida», «me separo aunque lleve veinte años de infeliz matrimonio», «he comenzado de cero») hoy han invertido sus roles.

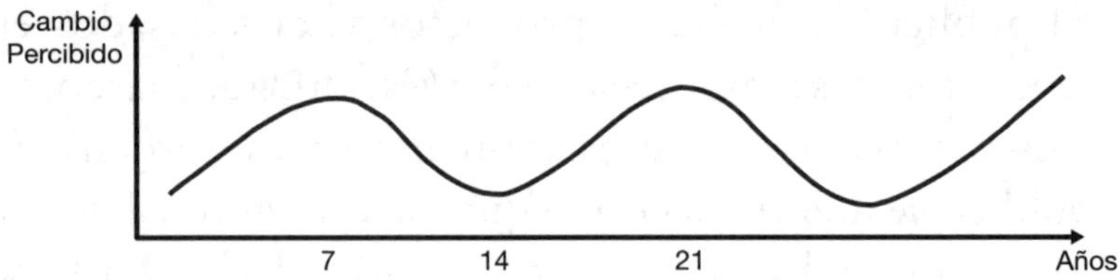

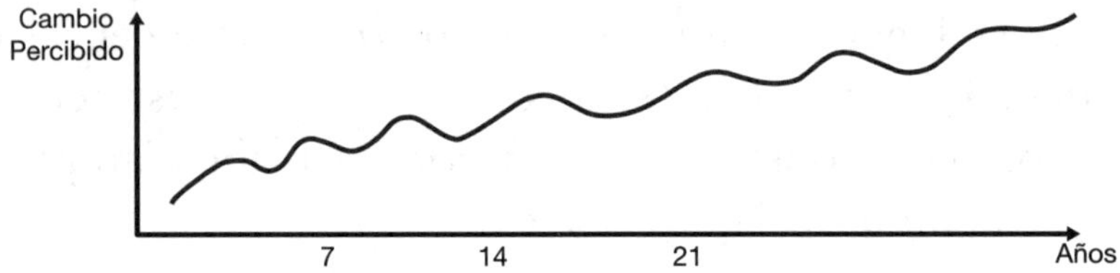

- No hay seguridad laboral, ni la volverá a haber jamás. Deje de añorar mejores reformas laborales.
- No hay seguridad en las relaciones personales, por cegador que sea el diamante de la alianza.
- No hay seguridad en las carreras profesionales.
- No hay seguridad académica: y menos con planes de estudio de los tiempos de cuando Apple solo se asociaba a una fruta.
- No hay seguridad financiera: es posible ganar una fortuna invirtiendo cero coma cero euros en el marketing de una buena idea, y perderlo todo en la siguiente burbuja-capricho de alguien que se dice inversor.

La nueva seguridad es la *resiliencia*.

Sea duro pero maleable como el metal, cree contactos, quítese los anillos para que no le preocupe que se le caigan, fórmese permanentemente, mueva el trasero a menudo de su confortable y calentita (y reconvertida a impredecible) rutina, y, paradójicamente, estará más seguro.

Nadar contracorriente es extenuante. Aprovechar en zigzag las corrientes que a uno le lleguen para llegar al otro lado lleva más tiempo, sí. Pero se acaba llegando.

Desarrollar la resiliencia es posible a través de la autoestima, la autoconfianza y el autoconcepto. La resiliencia permite la resolución de problemas complejos con información incompleta o errónea, sentirse cómodo con la incertidumbre, establecer metas temporales, la creación de redes de apoyo. En definitiva: la aceptación (que no resignación) y la superación de los contratiempos.

Si alguien cae y su vida se rompe (un despido, una separación, una injusticia) en mil pedazos, puede hacer tres cosas:

1. Quedarse mirando al suelo, llorando y añorando durante lo que le quede de existencia aquello que perdió.

2. Recomponer los trozos que encuentre y rehacer su vida como pueda, arrastrando el dolor de su pasado como si fuera un grillete en los tobillos.

3. Hincar una rodilla, sí. Pero no las dos. Nunca. Salvo para volver a levantarse con la cabeza al frente, y para volver a mirar a la Vida de tú a tú. Para regresar de nuevo al campo de juego, pues el partido, señores, no ha hecho más que empezar.

Eso es resiliencia.

31

La trampa de la responsabilidad

Una cosa es *dedicar* la vida de uno a un propósito mayor que uno mismo, que suele estar relacionado con un servicio a otros (sea sanar enfermedades, enseñar, resolver reclamaciones en una empresa, fundar una ONG o conducir un taxi) y que constituye uno de los motivadores más encomiables, y potentes, que hay; y otra bien diferente es *sacrificar* la vida de uno por los demás, empleando a esos *demás* como excusa. ¿Hasta qué punto una persona se esconde, se escuda, cuando dice hacerse responsable de/por otros, precisamente para no hacerse cargo de su propia vida?

El matiz es sutil. No es fácil de discernir. O admitir.

Por ¿educación?, ¿culpa?, ¿costumbre?, solemos anteponer a los demás a nosotros mismos, llevando en ocasiones esta filosofía al extremo de adoptar decisiones que pueden penalizar, menoscabar o incluso cercenar nuestro propio bienestar. Nadie quiere que lo tachen de egoísta. La propia palabra, «egoísta», da escalofríos.

Nuestra sociedad, la que nos hemos inventado, presenta un modelo idóneo, publicitario, de papá-mamá-niño-niña en el que los dos primeros (o solo uno) se dedican a batallar contra dragones y malvados para proteger a la progenie. Tiene sentido, ¿no?

Quizá no.

Cuando nos dimos un garbeo por primera vez sobre la Tierra, hará unos 200.000 años, nos apañábamos bastante bien en grupos, en tribus. Cooperación era sinónimo de prevalecer, subsistir; los niños eran cuidados por todos, y el rol de los pequeños era el de formar parte activa de esa familia extendida-tribal, en lugar de ser el centro y el ombligo de la misma.

El antropólogo británico Robin Dunbar defiende que, aproximadamente, 150 es el número de humanos máximo en/con el que podemos desenvolvernos con comodidad en tanto seres tribales que seguimos siendo. Tomen pues una empresa con dos mil empleados, una ciudad con cien mil, o una Unión Europea con quinientos millones de almas, y figúrense. En efecto, nos tornamos ingobernables.

¿Qué hacemos entonces? Encerrarnos en nuestra fortificada unidad familiar, batallar por recursos finitos que solo lo son en relación con el sistema en el que se desenvuelve el individuo (modifíquese este sistema, y los recursos se tornan necesariamente más abundantes), cuadrarnos la cabeza para encajar como autómatas en escenarios intrínsecamente ajenos a nosotros o abiertamente hostiles.

Los padres no dan abasto: las deudas con el banco, los modelos televisivos de una vida próspera presionan, (la apariencia de) el éxito del vecino, les hace querer más y más y más... Con frecuencia, el padre y la madre son dos contra el mundo. Y, mientras, los niños aprenden de sus padres lo que ven, no lo que se les manda. Los chavales tienen una memoria prodigiosa para olvidar lo que se les dice que deben hacer cuando lo que ven en acción de sus tutores es incoherente.

Hoy a los niños los cubrimos con cosas, con regalos, con sustitutos materiales de lo que realmente necesitan.

Sin embargo, lo que los niños requieren de veras es esta siempre resbaladiza palabra, amor: atención, educación, guía, consideración, autoconfianza.

Y el amor paterno, quizá, no signifique «entrego mi vida por ti, hijo mío», sino posiblemente «te guío para formar parte de tu propia tribu mientras desarrollas los dones que la naturaleza sembró en ti». Dicho de otro modo, como madre/padre me sigo haciendo cargo de mi propia vida, mientras te acompaño hasta que te hagas cargo de la *tuya*. Pues antes o después, el niño está destinado a dejar atrás a sus progenitores.

Fíjense en cuántos padres y madres piden (o exigen) a sus hijos un beso, un abrazo, cada noche, cada mañana, al ir al colegio, al recibir a la abuela. Uno se pregunta si acaso el progenitor necesita ese *feedback* del chaval para apaciguar su posible e inconsciente intranquilidad ante su labor como padre, posiblemente la profesión más difícil, y salpimentada de errores (incluso inadvertidamente) que haya.

En efecto, no es infrecuente que un pequeño no se prodigue precisamente en externalizar ese cariño, pues ese tipo de manifestaciones cariñosas comienza a darse con mayor periodicidad más adelante: los niños se hallan aún en una fase temprana de desarrollo de su cerebro que los aproxima más a su *yo superviviente* («protégeme, nútreme, cuídame») que al maduro intercambio de cariño entre adultos. Lo normal en los niños, su rol, es el de *recibir*... que no es lo mismo que ser el centro del Universo. El *dar* solamente se abrirá camino gradualmente en el futuro, en función de la propia maduración de su córtex cerebral y de la educación y entorno que lo rodean. Podemos obligar a un niño a compartir, pero no podemos obligarle a que quiera compartir. Si su hijo no le da un beso *motu proprio*, descuide: déselo usted con todo su corazón, pues ambos lo disfrutarán.

**Un niño no es un adulto en pequeño.
Un adolescente no entiende
mucho de cooperación.**

Este es el camino de la madurez humana: del niño dependiente al adolescente independiente, y de ahí hacia el sano adulto interdependiente.

Forcemos este orden, esta ascensión hacia la madurez del individuo, y en el futuro el chaval tendrá que ir poniendo parches a su in/inter/dependencia en cada revolcón serio que tenga en su vida.

32
Autoridad innatural

Tener problemas con la autoridad posiblemente sea muy saludable.

Permítanme por favor una nota biográfica para explicarme. Durante años fui súbdito-tirando-a-empleado antes de decidir que quería estar al otro lado de la mesa: el lado de los que mandan. Me llevó su tiempo, tras quemarme las pestañas, respetar las absurdas y casi nunca escritas normas de aquellas organizaciones, y sufrir los fines de semana y fiestas de guardar los encabritados ataques de *reunionitis* de mis jefes, supervisores, presidentes, vicepresidentes, sus vice-vicepresidentes, y demás estratificaciones del poste del gallinero.

Hasta que, al final, lo conseguí.

Tuve entonces cientos de personas que dependían de lo que hacía yo en ese despacho: sí, ciertamente, hicimos cosas potentes, francamente interesantes, pioneras incluso. De hecho, yo era, hum, feliz, haciendo lo que hacía. Hasta que empecé a dejar de serlo aquella tarde de invierno.

Estaba yo en una reunión con los de los galones, debatiendo si (o más bien cómo) despedir a un tipo. ¿Su crimen?: recibir rentas por el alquiler de *su* casa, el cual había gestionado en su tiempo libre y que le servía para complementar el más bien parco salario que percibía por su trabajo en la empresa. Mis engalonados camaradas, creciéndose entre ellos y azuzándose entre sí (mucha testosterona sin liberar) alzaban los brazos y golpeaban la mesa (un gran recurso dialéctico, convendrán), mientras hablaban unos decibelios más alto de lo socialmente aceptable: «¡En esta empresa tiene que haber lealtad!», «¿Qué se ha creído este?», coronado con un asombroso: «¡Y no nos ha informado!».

De hecho yo estaba mentalmente calculando el coste/hora de tanto Comandante-de-Despacho-Noble desperdiciado en la discusión. Y quizá por no estar suficientemente prevenido, cometí la imprudencia de emplear aquello de la libre expresión para cuestionar tanto honor herido por tan poca chicha. Pregunté qué había de malo en que un individuo, de manera legal, inteligente, en su tiempo libre y sin violar ningún código interno, se ganara unos dineros para compensar un salario más bien magro. Qué tontería, eso de abrir la boca uno cuando no debe.

Allí hubo un antes y un después, tanto en mi forma de ver el mundo, como en su forma de verme ellos: como un peligro. Pero eso es otra historia.

A los que mandan les suelen intimidar aquellos que (parece que) piensan por sí mismos. Quizás esos incómodos rebeldes tienen, merced a su competencia profesional, el poder de vaporizar sillones de cuero y mesas de madera noble empleando rayos invisibles.

O la capacidad de cambiar el *statu quo* de la organización.

Y como en ese sillón de cuero se está calentito, claro, hay que protegerlo.

Quizá por eso los primeros que se van de las empresas son, precisamente, los más competentes.

Hace unos días, me preguntaban cómo enfocar el trabajo con un cliente de *coaching* que «tiene problemas con la autoridad».

«¿Está arrestado?», pregunté.

«No, es que se lleva mal con su jefe.»

Vaya. Otro sillón que proteger.

Alguien va a levantar el vuelo pronto.

33

¿Cansado de qué?

Están los dos extremos.

Por un lado, está el trabajar en algo que nos cansa, extenúa y erosiona nuestra energía. Da igual estar solamente una hora en esa reunión inútil, otra más, la edición en el último minuto de esa inacabable hoja de Excel o el repaso una vez más de esa presentación-peñazo antes del día que viene la madre de todos los jefazos. Llegamos a casa y nos derrumbamos en el sofá cansados, rendidos, fundidos, disgustados, decepcionados o enfadados con el mundo. Quemados.

En cambio, hacer ciertas cosas, tareas, nos centra, nos absorbe, nos seduce. Da igual las horas que dediquemos a eso: nunca nos fatiga aunque no hayamos comido en horas, o levantado nuestra vista de una pantalla con eternas líneas de codificación, de nuestro óleo aún en esbozo, de nuestro novedoso postre de diseño, de nuestro primer prototipo...

A igualdad de ingesta calórica, a igualdad de horas de sueño, a igualdad de entorno social, el segundo quehacer parece llenarnos, no vaciarnos. A fin de cuentas, ¿quién se siente cansado de crear y producir aquello que le gusta?

¿Tiene sentido biológico el estrés cuando se hacen cosas que de veras nos apasionan?

Pero hay más. El problema del cansancio crónico que nos provocan las tareas que no nos enriquecen es que dicho cansancio dispara el instinto de supervivencia. Por tanto, nos volvemos más susceptibles, más agresivos, más impacientes, y, en resumen, menos racionales.

Uno ya no sabe si descansa para producir mejor aquello que no le gusta, o descansa porque al hacer durante tanto tiempo lo que no le apasiona le da una pájara más rápidamente. Ni descansando nos sentimos descansados (piense en el letargo anímico post-vacacional). Y es igual que tomemos jalea real, ginseng, taurina en lata o nos pongamos la última pulsera revitalizante, nada nos devuelve la energía.

Sí, nos tomaremos todo tipo de reconstituyentes y complejos vitamínicos, pero cada vez que nos volvemos a meter en el avispero se acrecientan nuestras sospechas de que, en efecto, es otra la pieza del puzle la que no acaba de encajar.

Por el contrario, para el segundo tipo de tareas no hay una frontera entre lo que (otros) dicen que es trabajo y lo que (esos mismos) dicen que es ocio: ni el trabajo es una tortura, un mal necesario para pagar las facturas, ni en su tiempo de ocio necesitan desconectar de algo que los tiene enganchados, enamorados.

34

Cuarteles de invierno

En determinadas circunstancias, un individuo siente que su situación exige luchar. En ese caso, hablar de estar motivado para avanzar, progresar, superar los obstáculos es bonito, agradable, inspirador. Pero cuando una persona está en modo *lucha* muestra cómo concibe su lugar en el mundo, y no tiene ninguna intención de considerar otro enfoque: cualquier otra alternativa es parafernalia, fuegos de artificio, humo.

Sí, es muy sencillo mencionar las palabras «aceptar», «tolerar» o «ser flexible» como consigna. Es impecable desde un punto de vista teórico-conceptual, sin duda, pero poco práctico para una persona que, en ese momento, necesita algo más que bonitas elucubraciones.

En ocasiones, entre *fluir* y *luchar* podría haber una tercera vía, similar a una de las más clásicas estrategias militares: la retirada al cuartel de invierno. Devuélvanse a casa las tropas durante los duros meses de frío, den de comer a los caballos, nutran a su ejército, denles abrigo. Denles tiempo para recomponerse, fortalecerse, formarse, ganar experiencia, perspectiva.

Vivimos en una sociedad orientada al éxito más visible e inmediato, donde la *retirada* se tilda de *cobardía*. Escoger las batallas que uno puede librar es uno de los aprendizajes de la vida que posiblemente revele más sabiduría: hasta qué punto merece batallar por una determinada situación u obstáculo; cuándo hay que continuar cargando con el ariete; cuándo plegar las velas. Ninguna victoria es segura y eterna. Ninguna derrota está profetizada en los escritos más sagrados.

Ambas caras de la moneda pueden alternarse según los designios del tiempo y el empuje del individuo. Pero solo podemos decidir sobre lo segundo.

Retirarse no es huir.

Por su parte, aunque *fluir* quizás no parezca ser lo mejor, a menudo es lo óptimo. Quizás el Universo (la Vida, las circunstancias) nos ponen en la situación de tener que dejarnos llevar, siquiera temporalmente, aunque sea por una riada... y precisamente para poder salir de ella en cuanto las aguas se calmen y ensanchen río abajo. Un conocido mío, R., inmerso en un muy desagradable proceso de divorcio que amenazaba con hacerle perder en un tiempo récord todo en lo que llevaba años invirtiendo (una relación, hijos, casa, ahorros) afirmaba: «Estoy rendido de nadar contra corriente... me doy por satisfecho, simplemente, con mantenerme a flote... Mientras pueda seguir respirando, todo está bien. Esto también pasará».

Replegarse no es *huir*. Es fortalecerse. Modernizar la artillería personal. Preparar el siguiente asedio al fortín de nuestras propias limitaciones cuando lo antiguo ya murió y lo nuevo no ha nacido aún. Dejar de aferrarnos a lo que ya no es ni será y autorizarnos a nosotros mismos a avanzar más allá para inventarnos una nueva vida, un nuevo quehacer, una nueva relación; para sanar nuestra alma, muscular nuestro cuerpo, ensanchar nuestra mente.

Ahora es invierno para muchos.

Pero este, también, pasará.

Encuentre sus cuarteles.

Si lo que le ha sucedido no lo ha derrotado y usted sigue respirando, es que lo ha hecho más fuerte.

Descanse lo que necesite y, entonces, sí, vuelva a decidir:

Luchar.

O fluir.

35

Lo (in)seguro es (in)seguro

Por un lado, que el *cambio* es lo único permanente, parece claro. Al menos en teoría.

Por otro, las personas tendemos a buscar ese concepto tan escurridizo de definir que es la *felicidad.* Como quiera que cada uno la concibamos.

Quizás esta última sea un compendio de la interacción de tres éxitos: personal, profesional, financiero. Un equilibrio que es único para cada uno y que suele evolucionar según las circunstancias y las experiencias de cada individuo.

Que ese equilibrio se modifica por vaivenes de la vida, muchos de los cuales son impredecibles, está ya igualmente claro. Sin embargo, sea por nuestra propia inseguridad, sea por astucia comercial, sea por la ilusa obstinación por domar lo indomable, se nos invita a *comprar* unas argucias, disfrazadas de productos, creencias o valores culturales que, aparentemente, salvan la permanente (in)seguridad de lo (in)seguro pero cuyos cimientos acaban sucumbiendo con los años, bajo su propio tonelaje, dejando de paso a más de uno musitando: «Pero ¿qué ha pasado aquí?».

He aquí algunos de esos paradigmas de barro que se quiebran bajo el peso de nuestra experiencia o el mero transcurrir del tiempo:

- *Éxito Profesional*: los contratos indefinidos en las empresas, las carreras «con salida», la adicción a la nómina, buscar un trabajo que «me realice», la ascensión jerárquica en la empresa, la alienación/alineación del empleado con los objetivos de la organización.
- *Éxito Personal*: los amigos-para-siempre, las redes sociales sin sociedades de confianza, los enlaces matrimoniales vitalicios, los hábitos adictivos tóxicos para el cuerpo o la mente.
- *Éxito Financiero*: los seguros contra todo lo asegurable, las hipotecas a cuarenta años, los fondos de inversión en activos que ni el comercial del banco sabe explicar, el constante endeudamiento, la pensión, las inversiones seguras (menudo oxímoron).

Si analizan en profundidad cada una de ellas, constatarán que, en realidad, son los coloridos envoltorios que embellecen una emoción que preferimos mantener anestesiada.

Cada uno de esos valores culturales, relaciones, productos y servicios son, en realidad, colocados por vendedores de *miedo*. Miedo a que roben en mi casa; miedo a no tener dinero cuando me retire; miedo a que me despidan; miedo a que mi pareja ame a otro; miedo a que termine mi formación académica para engrosar las cifras de desempleados; miedo a las enfermedades; miedo a perder mi dinero; miedo a que me quiten mi estatus.

Miedo a ser infeliz.

Volvamos ahora al primer párrafo: «El cambio es lo único permanente, parece claro. Al menos en teoría».

¿Cuándo nos examinamos entonces *del práctico*?

El cambio vino, viene y vendrá a nuestras vidas. Algunos serán deseados, otros aborrecidos, algunos sorpresivos, otros (¿todos?) porque los hemos provocado.

Hace años, las consultoras empresariales invertían millones en programas de «gestión del cambio», un eufemismo consistente en formar y ¿motivar? a los empleados para escoger entre pasar por el ojo de la aguja o recoger el finiquito cuando algo en sus empresas dejaba de ser igual que antes.

Aunque incomode, lastime o duela, abracen el cambio que la vida les sirva. Tápense la nariz y traguen rápido si es necesario, pero no intenten verter el jarabe amargo por el fregadero cuando nadie esté mirando. Ese mismo jarabe acabará regresando a su mesa... con doble ración, y sin pan para acompañar.

Ténganlo por seguro.

Cuanto antes lo acepten y se adapten, antes podrán volver a navegar a toda vela. De lo contrario, pronto se darán cuenta de que su barca, esa con la que venían remando hasta ahora, ya no flota tan bien como antaño.

36

Cuando competir es lo sensato

Hay múltiples enfoques para entender, y vivir, lo que significa *competir*, entre los cuales hay uno que fortalece y otro que erosiona.

Uno puede competir contra otro individuo para demostrar que es mejor (más alto, más guapo, más rubio) pero, previsiblemente, esas comparativas nunca tendrán un final. Siempre habrá alguien más alto, más guapo y más rubio. O mejor preparado, más inteligente, con más dinero, con novias más despampanantes, más, más, más... No hay fin. Es frustrante, sí. Y absurdo.

Luego hay otro enfoque: el del que compite con uno mismo, elevando su propio listón gracias a que también compite contra otro a quien valora en su rol de rival. Este rival, en sí, no es un enemigo a batir, sino la espuela que mueve a nuestro yo a subir cada vez más la apuesta: «A ver qué soy capaz de conseguir».

Su rival se convierte así en su propio espejo: si su rival lo supera, es tiempo de esforzarse. Si su rival es superado, la borrachera de la autocomplacencia aguardará silenciosa a su espalda. Este rival no debe ser despreciado; bien al contrario, debe ser venerado. Gracias a él uno crece. Sin él, uno se vuelve arrogante.

Nadal, sin Federer, no sería Nadal. Federer, sin Nadal, no hubiera llegado a ser Federer.

Esa es la competición que expande horizontes, amplía nuestro aprendizaje, nos provoca a alcanzar la siguiente cima. No nos *picamos* con el otro: nos superamos a nosotros mismos ante la excelencia del otro.

Sentirse grande mediante la supresión del otro o de alguien más débil es fútil; revela con luces rosadas de neón precisamente lo que pretende ocultar: una monumental duda en las propias capacidades.

**Suba su propio listón.
Halle un rival mejor que usted en eso
que lleva tiempo resistiéndose a aprender.**

Cuando supere a ese rival, no olvide agradecerle lo que ha hecho por usted al motivarlo y acompañarlo en esa progresión que usted necesitaba hacer en su vida.

Pero recuerde mirar atrás de vez en cuando.

La autocomplacencia suele visitarnos con palabras dulces.

Y con sigilo.

37

La maestría del aprendiz

La palabra *motivación* resume en su etimología la clave de cualquier avance, logro y progreso desde que la Humanidad es tal. La *motiv-acción* engloba los motivos, las razones, por las cuales actuamos, nos movemos en pos de algo. Si actuamos sin una razón sólida (en nuestra mente) durante un prolongado período de tiempo, sucumbimos a la punzante duda acerca del sinsentido de nuestras acciones: «No sé qué hago en este trabajo...», «no sé por qué sigo con esta persona...», «no sé para qué estoy estudiando este examen...», «no sé qué hago en esta ciudad...».

Nuestro propósito es desenvolvernos por un mundo curioso, inquieto, en progresión, que demanda de nuestra parte respuestas ágiles. La alternativa es el enmohecimiento que precede a la rutina diaria y no cuestionada. La muerte en vida.

Todo aquello que nos mueve toma dos formas: la motivación intrínseca (el placer en la ejecución de la tarea en la que estemos enfrascados, sobre todo si alcanzamos cierto grado de maestría en la misma) o la extrínseca (lo que realizamos a cambio de algún tipo de refuerzo externo: dinero, amor, sexo, aceptación, poder, seguridad, reconocimiento, fama). Curiosamente, desde Picasso hasta Zuckerberg, aquellos individuos que se obsesionan en convertirse en maestros de su oficio simplemente *porque sí* suelen acabar alcanzando una proyección de éxito externo aunque, paradójicamente, no hubiera sido ese su objetivo en primera instancia.

Estamos hablando de dos enfoques muy dispares: 1) pasarnos la vida buscando maneras de, por ejemplo, hacer dinero, en cuyo caso seguramente vayamos danzando de un trabajo a otro, de un proyecto a otro que nos permita seguir en la rueda; o 2) invertir miles de horas en alcanzar la excelencia en cierta disciplina que nos apasione, en la confianza de que el dinero «ya llegará, y en grandes cantidades», una vez que esa maestría sea socialmente reconocida y el mercado decida pagar por ella.

«¿Quieres un dulce ahora, o si esperas media hora te doy dos?» Y por la bolsa entera, «¿cuánto tiempo esperarías?».[9]

La primera de aquellas opciones replica la trayectoria de la piedra plana que arrojábamos de niños en los lagos para hacer «ranitas», maravillándonos ante nuestra destreza en hacerla emerger y sumergirse dos, tres, cuatro veces antes de hundirse en el fondo. El segundo enfoque se obstina en llegar hasta la esencia de la tarea, la excelencia, la maestría, el dominio de, quizás, una sola cosa.

9. Preguntas inspiradas en el experimento conducido por el psicólogo Walter Mischel en la Universidad de Stanford en 1972. No hemos cambiado tanto desde entonces. Sustituyamos tan solo «dulces» por «reconocimiento» o lo que sea que nos mueva y sentiremos la duda: ¿de veras vale más pájaro en mano?

«Para mí ya es tarde», nos diremos. «Ya me pilla mayor.» «No puedo aprender ya nada nuevo.»

Discrepemos.

El cerebro es plástico y expandible a lo largo de toda la vida, siempre que se ejercite. En este sentido, se comporta como un músculo. Rételo continuamente y lo acompañará cada vez más saludable durante más años.

Usted puede permitirse invertir esos miles de horas necesarias para adquirir, desarrollar, maximizar el desempeño de una nueva destreza hasta la cima de la maestría.

Pongamos que tenga un trabajo a tiempo completo, a razón de cuarenta horas a la semana. Pongamos que usted dedica de media, cada semana, unas treinta y cinco horas a mejorar su nueva habilidad, sea esculpir, aprender un idioma que le interese, diseñar un nuevo vehículo solar o fabricar una pasta de dientes que no haga espuma. Tras seis años habrá acumulado más de diez mil horas de práctica y, posiblemente, ya comenzará a llamar la atención de aquellas personas interesadas en aquello en lo que se ha convertido en un virtuoso.

Necesitamos excelentes maestros en este planeta.

Aún hay tiempo.

Acuda a la llamada.

38

Con-pasión o lástima

Toda vida humana, toda, ha sufrido antes o después, consciente o inadvertidamente, una batería de invalidaciones en su infancia por parte de sus proveedores de cuidados (padres, tutores), como subproducto del propio proceso de la educación reglada y la educación social.

Si un niño decide meter los dedos en un enchufe, naturalmente sus padres lo prevendrán para evitar, en el mejor de los casos, que el pequeño sufra una muy desagradable experiencia. Pero a pesar de esa indiscutible buena intención, lo que sucede paralelamente es que el mensaje implícito que recibe ese niño es incapacitante («experimentar es malo, por eso no me dejan hacerlo») o limitante («tú solo no te bastas para moverte por el mundo, necesitas que alguien te dé permiso para actuar»). Ambos mensajes pueden obstruir el desarrollo de las primeras semillas de su futura independencia.

Más adelante en sus vidas, algunos adultos buscarán las vías para terminar de sanar su propia independencia a través de sus quehaceres profesionales, personales o financieros; buscando trabajos, relaciones, hábitos, que vengan a completar lo que, quizás, extrañaron de pequeños. Sin embargo, en un recurrente ensayo-error-error-error-acierto, esas vías acaban por atraer problemas para el que los batalla que, otros a su alrededor, quizás puedan juzgar como insignificantes o extraordinarios.

Esos juicios de valor son irrelevantes para el que batalla: son los dragones que ha elegido confrontar cada día con vacilación, quizás, pero también con obstinación.

Su esfuerzo es merecedor de cada gota de nuestra *compasión*, nuestra empatía... pero no de nuestra *pena*. Nadie que lucha por lo que cree o por desintegrar sus propios límites merece un solo ápice de lástima.

Cuando alguien se acerque a nosotros para confiarnos un problema, una frustración, quizá sea necesario que hagamos el esfuerzo de observar al *niño* que tenemos delante, tenga la edad que tenga nuestro interlocutor, para respetarlo y apreciarlo con compasión; valorarlo como un individuo con incontables facetas y que es, a un mismo tiempo, duro y frágil, fuerte y maleable, plástico y resistente. A veces como el yeso, a veces como el diamante.

No, eso no es lástima.

La lástima victimiza a la persona.

Tanto al que la recibe como al que la da. A ambos. La lástima debilita y ofrece una nueva excusa para abrazar al «pobre de mí» que tanto rédito puede otorgar a más de una *víctima profesional* sustrayendo, de paso, la energía de la *víctima* de la víctima. Usted.

Justo lo contrario de lo que queremos que el otro consiga: liberarse, retomar el poder sobre sus decisiones, asumir la responsabilidad de sus actos.

Merece repetirse: Nadie que trabaja duro por romper sus límites da pena.

Quien no le vaya a apoyar, mejor que se quite de en medio.

39

Simplificar, simplificar, simplificar

Simplifique su vida todo lo que sea posible.

Y cuando la haya simplificado todo lo posible, simplifíquela más aún.

Elimine todas aquellas cosas, tareas, compromisos que absorben su tiempo, su dinero, su energía y no le reportan nada. Delegue o arroje a la papelera.

Tache de su agenda aquellas actividades que no le añaden a usted ningún valor pero que hace por hábito, por pereza en cambiar, por la aparente intranquilidad que pueda suponer que, de repente, tenga horas para estar solo consigo mismo. Es vital permitirse periódicamente ese tiempo para dar un paso atrás y ver el cuadro completo de sus actos desde la distancia. Ese es el único modo que le permite a uno volver a acercarse posteriormente y continuar puliendo los detalles del paisaje de nuestra existencia.

Despida y deséeles lo mejor a las personas que le roban su ánimo, sus horas, su energía, su claridad de mente, su motivación.

Libere más espacio y tiempo para personas valiosas.

El intercambio personal otorga mutuos aprendizajes, vivencias, experiencias, sabiduría. Pero no extienda ese plazo artificialmente en aras de la concordia o la costumbre pues esas relaciones acabarán por enrarecerse sin necesidad.

La vida ya nos arroja suficientes razones, retos, obstáculos, metas, para tenernos entretenidos un buen rato.

No la saturemos más con lo superfluo.

40

¿De veras es importante?

¿Tiene miedo de que fracase su idea?

No pierda el tiempo yendo a clases de contabilidad.

Testee su idea, su proyecto, con sus primeros clientes, seguidores, partidarios.

Con lo que le digan, tome entonces su idea y púlala, mejórela, exprímala, descártela, actualícela, córtela en chuletas, píntela de rojo...

Entre lanzarse al mercado con todo ya montado u ofrecer una chapuza de producto, de idea, de diseño, están todas las opciones imaginables.

«El mercado» empieza con el primer cliente.

Aunque sea con un prototipo...
Pruébelo.

Deje que sus primeros seguidores destrocen su producto si hace falta. Es el mejor regalo que le pueden hacer para mejorarlo. No lo dude.

Mejórelo entonces.

Y, ahora sí, dele a la contabilidad.

O mejor aún, busque a un buen contable.

41

Estar ocupado para pensar

A veces uno se pregunta si en nuestra existencia a lo largo de la Historia alguna vez hemos estado tan atareados y estresados como hoy en día. Al menos en este lado del planeta.

Muy posiblemente, hace tres o cuatro décadas, una de las metas de los diseñadores y fabricantes de máquinas fue, precisamente, aliviar nuestra rutina diaria de esfuerzo para que ganáramos tiempo libre que dedicar al ocio, la familia, el deporte, las aficiones. Y ahora tenemos ordenadores más rápidos, procesadores cada vez más diminutos y potentes, conexiones a Internet vertiginosas que, merced a una suerte de compulsiva obcecación por seguir produciendo más y más cosas (que nadie, nunca, va a acabar comprando de todos modos porque *ya hay demasiadas*) han sido la simiente para la *oficinización* del individuo.

En efecto, desde hace unos años ya no es necesario que uno envejezca en los atascos diarios hacia y desde el despacho, ni que se atornille a esa silla con ruedecitas que tan poca maniobrabilidad permiten sobre la moqueta de la oficina frente a la pantalla plana y el teclado inalámbrico escondido entre *post-its*. Uno puede, *por fin* (¿?), estar permanentemente conectado con clientes y amigos, escribir informes en un taxi o en un aeropuerto, componer música con un solo dedo o geolocalizarse para apaciguar las inclinaciones de *dominatrix* de un jefecillo o las inquietudes de una pareja que sospecha que luce unas astas de venado.

Loable inquietud la de aquellos ingenieros, sin duda. Sin embargo, el resultado final es algo diferente al anticipado en primera instancia. Ciertamente, hoy podemos hacer lo mismo que hace una década aunque en la mitad de tiempo. Ahora bien, en lugar de dedicar las horas que supuestamente hemos ganado *en* y *para* nosotros, hacemos lo que un tratante de esclavos hubiera matado por conseguir hace un par de siglos.

¿Dedicamos ese tiempo que hemos ganado acaso a gastárnoslo en nosotros mismos, a la vida contemplativa, a sestear, a rematar esa indomable operación bikini, a aprender escritura cuneiforme o a invitar a la pareja a cenar (recuerden: ya sospecha)?

No.

Dedicamos esas horas a trabajar más.

Si lo que uno hace para ganarse la vida es compatible con su pasión, es fácil perderse, enfrascarse, durante horas y horas con los *smartphones*, facebooks, twitters, emails y googles del momento. Nos enchufamos a lo que hacemos y, sin darnos apenas cuenta, amanecemos estirando el brazo, con la luz aún apagada, para agarrar el móvil de la mesita de noche y consultar los treinta y siete nuevos mensajes y actualizaciones; y nos acostamos dieciocho horas más tarde apuntándonos, «de veras, cariño, solo esto último», a la penultimísima oferta de viajes *low cost* a las Islas Aleutianas.

Curioso. Se nos paga y/o se nos tiene entretenidos para continuar haciendo cosas... pero no para pensar. Si un jefe nos pilla *offside* pensando, con los ojos en la pantalla pero enfocando al infinito y más allá, nos llamará al orden por dilapidar nuestro tiempo y su dinero. Si una persona cercana nos caza de cuerpo presente pero con la mente ausente, no dudará en interrumpirnos y hacernos regresar al más acá para preguntarnos, con gesto adusto, si nos pasa algo, si estamos preocupados o enamorados «y cuéntamelo todo, que soy tu amigo del alma».

Lo que muchos no recuerdan (o aún no conocen) es que somos seres netamente pensantes, lo que implica que estamos permanentemente haciendo honor a esa condición aunque estemos durmiendo. A nivel consciente, por poner un ejemplo, cada vez que planificamos el camino más corto de regreso a casa cuando un atasco por obras para esos Juegos Olímpicos que nunca llegarán nos obliga a desviarnos por una vía no habitual. A nivel inconsciente, cuando entramos en una especie de microsueño en vigilia cuyo fin parece ser consolidar pensamientos y reflexiones, hallar nuevas soluciones sin intervención de la mente consciente o, para sencillamente relajar nuestro sistema activo de atención.[10]

10. Hay escuelas, como la Wittering en Holanda, donde el profesorado tiene terminantemente prohibido interrumpir a los niños cuando se quedan con esa mirada absorta en el infinito durante esos instantes que en ocasiones nos sucede a todos: el pequeño no está dormido, no está siendo un zángano irrespetuoso, no está ignorando lo que se le enseña; bien al contrario, está empleando

Esta forma de pensamiento inconsciente a través del relajamiento no la practicamos tanto como quizá debiéramos. Más bien ideamos maneras de mantenernos atareados, como si aparentar estar haciendo algo, sea lo que sea, fuera lo mismo que hacer algo efectivo para nuestro propio bienestar; o quizá como un pretexto adicional para no bucear demasiado en nuestra propia existencia. Nos autoimponemos constantes e innovadoras razones para no pensar en/con/para nosotros mismos... y luego nos aferramos a ellas para repetir uno de nuestros mantras favoritos:

«Es que no tengo tiempo para... (sentarme a pensar, planificar, hacer esa llamada).»

Digámoslo claro: a veces no hacer nada es más productivo para la mente que estar siempre (aparentemente) atareado como esos pasajeros de avión que ya andan encendiendo el móvil a escondidas de la tripulación en cuanto el aparato toca tierra.

Halle sus momentos de *nada*. Diariamente. Dedique tiempo a dejar que su mente se libere, vague, navegue a ningún sitio. Otórguele el beneficio de la quietud, sin pedirle mayor rendimiento. Cuelgue en la puerta de su cerebro durante unos minutos el cartel de «Ahora Vuelvo. Firmado: la Dirección». Oxigene la maquinaria de élite que alberga entre sus oídos. Practique métodos de respiración para aliviar su ritmo cardíaco no solo cuando las cosas vengan torcidas, sino cuando las cosas se le presenten de color de

---

recursos calóricos para *volcar* esta (o anterior) información al disco duro de su cerebro para tornarlo en preaprendizaje. Sí: en ocasiones esto supone un mayor esfuerzo del profesor al tener que repetir la información. Ahora bien, quien haya aprendido todo en su vida sin repetición, que levante la mano.

rosa. Haga ejercicio aeróbico, aunque (o precisamente porque) fuera esté nevando. Permítase el tiempo de relajarse, de ausentarse del mundo, cada mañana antes de levantarse de la cama, cada noche antes de comenzar el sueño.

Pero también lo contrario. Dedique tiempo a jugar, experimentar con esas nuevas ideas locas, muy locas, para sus proyectos. Deje de practicar *condicionantes* («cuando tenga dinero-tiempo-contactos-experiencia-formación, haré...») para plantearse *condicionales* que abran posibilidades («¿y si probara a...?», «¿por qué no intentar...?»).

Pasamos demasiado tiempo diario satisfaciendo las demandas de atención de las personas que nos rodean: colegas, jefes, pareja, familia, amigos, papeleos, seres con prisa que nos dan codazos en el autobús.

Reserve una hora para estar consigo mismo cada día.

Descúbrase gradualmente como *ser*, no solo como *hacedor* de cosas, proveedor de soluciones y extractor de castañas propias y ajenas del fuego.

Deles a los demás el tiempo que estime deba darles. Pero recuerde quedarse con tiempo para usted. Tiempo solamente suyo.

Posiblemente este sea, a fin de cuentas, el único activo, y el más valioso, de la contabilidad de su vida.

42

Trabaje menos. Hable más

De ideas geniales están llenos los cementerios, esos lugares donde se diluyen en la nada aquellas frases que se afirmaron con tanta vehemencia, aquellas que comienzan con los «me gustaría..., si tuviera tiempo haría..., aquí lo que vendría bien sería...», pero que se pierden en los «no tengo tiempo, no tengo dinero, no tengo edad, mi entorno no lo entendería».

Es indiferente lo genial que sea su idea: antes o después deberá venderla... o, mejor dicho, deberá ser lo suficientemente convincente como para que otros cientos, miles de personas, se la compren.

Para eso, nos dicen los manuales de éxito, hay que trabajar. Trabajar mucho. Trabajar a destajo. Escoger entre cuidar sus relaciones o hacer prosperar su idea. Entre cuidarse físicamente o mimar su idea como si de un nacido prematuro se tratara.

Quizá la cuestión, no obstante, no gire en torno a si se debe centrar uno en trabajar mucho, sino en asegurar que el esfuerzo dedicado sea inteligente... para después no tener que trabajar más.

Cualquier proyecto novedoso requiere tres tipos de esfuerzo:

1. *Operativo*: concentrarse en asegurar que las cosas se materialicen. Al principio aquellas personas que están más involucradas en el proyecto tienden a dedicar el máximo esfuerzo en producir, producir y producir; pero sin tener muy claro que lo producido, de hecho, vaya a ser intercambiado en algún momento por dinero, tiempo u otro producto.

2. *Comercial*: es la labor de conseguir que lo producido tenga salida en un mercado. Vender, vender y vender. Algunos incluso creen que si el producto es bueno, ya vendrán los clientes y usuarios solos. No necesariamente. Hay que hacer contactos, seguimientos, nuevos contactos, segundos, terceros seguimientos, presentar ofertas de muestras gratuitas, recortar o incrementar márgenes que redunden en precios de entrada más atractivos y exposición de propuestas para que el producto/servicio ofertado pueda ser comprado e idealmente preferido a los ya existentes.

3. *Delegación*: es el salto que realiza quien emprende al confiar en terceros que no necesariamente estaban involucrados inicialmente con el proyecto. Antes o después, el trabajo operativo y el comercial debe ser delegado, pues el que lo hacía hasta ahora no da más de sí y necesita cargar sus baterías de tiempo para idear nuevos diseños, identificar

> nuevos segmentos, seguir sorprendiendo a clientes principales, encontrar nueva financiación. O, simplemente, porque no le da la real gana seguir trabajando. Que para eso ha diseñado un sistema que funciona solo.

Previsiblemente, la evolución en los años venideros seguirá unos derroteros parecidos al siguiente escenario.

En primer lugar, el emprendedor buscará vender lo máximo posible —labor comercial—, por lo que se centrará en la laboriosa misión de desempolvar la agenda de contactos para localizar a posibles interesados en su producto, pasando por la orla del último curso de secundaria y hasta el email del primo canadiense del vecino, que conoce bien el sector. Todo, todos, valen si pueden enriquecer la experiencia del emprendedor (y, de paso, al menos ir poniendo comida en el plato). No es posible ser muy selectivo en este estadio: los mil euros de una gran y conocida multinacional tienen el mismo valor que los mil euros de una pequeña empresa que se ha introducido en un nuevo mercado. En esta fase, el trabajo operativo acabará siendo a lo que se dedica la noche, cuando el resto de la casa, y el cliente, duermen. ¿Delegar? Buf, prácticamente uno tirará de amigos, colegas y una buena agenda de *freelances* que aporten pericia comercial y operativa, con la vista puesta en que se materialicen nuevos proyectos simbióticos con el líder. Son épocas quizá duras, sí, pero se viven con ilusión, grandes ideas y poco dinero.

En un segundo estadio, empieza a llenarse la cartera de clientes y la reputación de nuestro proveedor de soluciones comienza a convencer a nuevos compradores más conservadores, quienes, idóneamente, serán no solo ya clientes habituales, sino que asignarán mayores presupuestos al ya no tan novel emprendedor. Quizás el esfuerzo comercial ya no deba ser tan intensivo, pero el operativo lo supera con mucho: se agolpan las fechas límite, las correcciones de última hora, las reuniones imprevistas. La delegación sigue siendo un salvavidas cuando el emprendedor anda algo desfondado de achicar agua en tantos frentes. No es un objetivo primordial esta delegación: el cliente puede escoger, y generalmente prefiere, ver la cara del responsable y no está dispuesto a que le metan un tipo que no conocen de nada. A usted también le costaría abrir la boca ante un dentista desconocido aunque trabaje en el equipo de un reconocido especialista en cirugía bucal.

Pero es aquí donde se halla el punto de inflexión.

Una persona puede emprender por dinero. Por trabajar en lo que le apasiona. Por no tener un jefe. Pero una persona que emprende también lo hace por *comprar* su propio tiempo.

Y para eso, sí o sí, necesitará ya aprender a delegar.

Podrá querer ese tiempo que ha *comprado* para diseñar nuevas estrategias o para ver la hierba crecer. Esto es secundario y su propio asunto. Pero para poder disfrutar de esa libertad real es crítico que usted construya *estructuras de delegación*: personas que saben y quieren hacer lo que deben hacer sin que haya que pagar un jefe para que los controle. Estos tiempos son magníficos para los microemprendedores: sistemas informáticos que permitan a un cliente hacer un pedido a las cuatro de la madrugada sin que el emprendedor esté cabeceando al otro lado de la pantalla o la subcontratación de todos esos procesos que son secundarios, si bien necesarios, de la organización (desde el pago de honorarios a esos agentes libres, hasta la gestión de productos semiterminados traídos en buque desde el otro hemisferio).

Si al emprendedor le gusta lo que hace (que es lo más habitual pues si no, los períodos duros, que los hay, serían insalvables), entonces es fácil que se acabe centrando en el rol operativo, comercial o en el control de los agentes en los que se delega.

Pero si al tipo lo que le va es tener su tiempo para quemarlo si le apetece, entonces debe invertir ingenio para asegurar que su proyecto crece, se nutre y sirve con impecable excelencia sus productos. Aunque esté durmiendo. Aunque se tome seis meses sabáticos.

Cuando usted vaya pues a lanzarse por su cuenta, quizá deba sopesar si su propósito es realizar *de facto* los proyectos, venderlos, o vivir de ellos gracias a sus estructuras de delegación.

Elija entre vivir para su proyecto o vivir de él.

Depende, claro, de cuánto le apetezca ese período sabático.

43

El futuro tiene presente

La mente tiende a sentirse incómoda con lo que no tiene una explicación aparente.

No sabemos cómo de grande es el Universo, así que llegamos a asumir que somos el centro mismo del cosmos visible. Y así lo creímos durante siglos.

No sabemos cómo se generó la vida o qué es el Bien y el Mal, así que ideamos divinidades humanizadas a partir de las cuales crear y justificar unas respuestas nuestras que pusimos en su boca.

Desconocemos por qué las cosas nos suceden, sobre todo cuando son contratiempos, problemas o duras pérdidas, así que nos taladramos el cerebro con «¿por qué?, ¿por qué?, ¿por qué?» hasta que llegamos a una respuesta plausible y aceptable para nosotros mismos y, quizá, para todos aquellos que no anden demasiado atareados con sus propios *por qués* como para prestarnos algo de su atención.

La vida puede acabar siendo una sucesión de hechos sin aparente relación, pero a veces nosotros le damos sentido uniendo cada uno de ellos con el fin de buscar una historia con una trama, con un nudo y una resolución; o de encontrar una figura familiar por la que orientarnos, como cuando éramos pequeños y veíamos aquellas tartas de nata, veleros y unicornios al alzar la vista hacia las nubes en verano.

Nuestra mente revive cada día a partir de las memorias y recuerdos de aquello que fue (o creemos que fue), y los sueños y anticipaciones de lo que querríamos que fuera el futuro. Este pendular *pasado → futuro → pasado → futuro* tan propio de nosotros con que erosionamos los segundos de nuestro tiempo («antes todo era más fácil»; «mañana ya me pondré con eso») nos impide ver el presente inmediato que se desliza entre los dedos tan rápido como la arena que intentamos aprisionar.

Paradójicamente, lo contrario es la excusa perfecta para no hacer nada diferente: nos ensimismamos tanto en un presente de tareas y deberes inmediatos que lo empleamos para encubrir los deseos de nuestra alma, o como una burbuja mágica que nos protege de encarar un futuro opaco e impredecible.

Con los hechos pasados poco podemos hacer, aunque no así con su interpretación. Esos hechos permanecerán de por vida sujetos al oleaje de nuestra madurez, la serenidad de la perspectiva que solo los años regalan y la calma de permanecer cada vez más indiferentes a las expectativas que otros tienen sobre cómo deberíamos dirigir nuestra existencia. Lo que ayer creímos una desdicha hoy se torna en lo mejor que podía habernos acontecido. Puede ser una bendición el que los hechos menos gratos puedan grabarse en nuestros recuerdos con los colores que elijamos sin sucumbir a la carga emocional de entonces. El tiempo sana el dolor y filtra los mejores recuerdos como mecanismo de protección de nuestra psique.

El futuro, por su parte, puede dar más juego.

Considere hoy, ahora, este preci(o)so minuto de su vida. Todo, todo, absolutamente todo lo que ha hecho de manera consciente (y lo que su subconsciente también decidió por usted) le han traído, precisamente, a leer esta página, esta línea, en este preciso momento. Una sola decisión hace veinte años o hace veinte minutos, lo habría llevado a un futuro completamente distinto: quizá no habría conocido a esa persona tan especial hace una década; posiblemente no hubiera trabajado en esa empresa que le abrió tantas puertas (o le cerró las que nunca quiso cruzar); no se habría encontrado en la esquina con ese amigo de la infancia el martes pasado, no hubiera leído en el trayecto de tren de esta mañana ese artículo del periódico del viajero de delante que tan bien le viene.

No escogemos que nuestro corazón lata, que nuestros pulmones respiren, que nuestros ojos parpadeen, que nuestro pelo crezca o nuestro estómago digiera; o que determinados pensamientos fluyan en piloto automático merced al hábito integrado de nuestra mente que los engrasa para que hagan su trabajo con el mínimo necesario de atención y esfuerzo.

Pero *sí* escogemos adoptar ciertos hábitos. Como escogemos deshacernos de ellos.

Ascender dentro de una hora el Everest es una decisión fútil. Prepararse concienzudamente, entrenarse, adquirir el material adecuado y hallar los mejores sherpas durante los próximos quince meses, pueden llevarle a ascender esa montaña, y todas las demás que se le pongan por delante.

Crear una multinacional en cuatro semanas es una de las mejores maneras de dilapidar el capital inicial que se le conceda. Pero generar durante dos años una base de seguidores de su producto, invertir en su propia credibilidad como firma, recompensar siempre la valiosísima atención que sus partidarios y apoyos le concedan, romper las polvorientas y sagradas tablas de los mandamientos de la gestión de recursos humanos para escribir otras nuevas que seduzcan a su equipo, pueden convertirle en portada del *Time.* (Aunque esto le dé absolutamente igual.)

Téngalo presente:

No hay objetivos imposibles.
Hay plazos inadecuados.

Construir un nuevo futuro que no se convierta en una sucesión inconexa de hechos conlleva planificar sus objetivos *por escrito*: aquello que desea manifestar, crear, construir. Los objetivos *concretos* tienen indicadores *concretos* de logro: una fecha, una cifra, un hito, una mudanza, un nuevo trabajo, una nueva transición vital. Defina vagamente lo que quiere, y vagamente podrá alcanzarlo.

Ahora bien, no tenga la más mínima duda de que el plan no se va a cumplir exactamente como lo haya ideado, así que desista de tenerlo controlado todo. No es posible.

Esta es la prueba en la que muchos sucumben: como el plan falla, es que los objetivos son demasiado ambiciosos. «Hay que conformarse con menos.»

Un objetivo que no es ambicioso no es un objetivo. Si es necesario, cambie sus plazos, estrategias, decisiones, equipo. Lo que sea.

Pero no cambie sus sueños.

44

Cuando la mejor respuesta es una pregunta

Desde la escuela se nos enseña a obtener respuestas. Aunque sea copiando de una *chuleta*.

Si uno no tiene una respuesta inmediata y completa en la cabeza (o escrita en la palma de la mano), es que «no has prestado atención, no lo has estudiado, eres un ignorante y no vas a llegar a nada en la vida con esa actitud, que ya te estoy avisando».

Los colegios se convierten así en una factoría de respuestas envasadas al vacío en libros de colores que los hermanos pequeños no podrán ya usar y en un vertedero de preguntas desechadas que nadie ya planteará. Es inquietante observar cómo, a lo largo de los cursos del sistema académico, nuestros chavales (y nosotros mismos en su día) aprenden y memorizan los mecanismos inamovibles de funcionamiento del mundo que nos rodea, precisamente, quizá, porque sabemos muy poco de él.

Sin embargo, los avances, cualquier avance, en cualquier disciplina, solamente se inician cuando alguien se plantea la pregunta *cómo*.

¿Cómo construir, materializar, abaratar, incrementar, hacer más rápido, eficiente, excitante, algo?

¿Cómo pagar esta compra si me he dejado la cartera en casa pero llevo el móvil encima?; ¿cómo facilitar el acceso a todas las bibliotecas del mundo a una población infantil sin escolarizar tras un conflicto armado?; ¿cómo incrementar la capacidad de elección financiera de una civilización dependiente/esclava de los bancos?

Alguien, ahora, cerca de usted y de mí, está buscando respuestas a *¿cómos?* muy concretos que resuelven problemas muy reales.

En el momento en que tenemos una explicación para algo, un *porque...*, se acalla la inquietud que en ocasiones nos suscita nuestro impredecible entorno real. Incluso aunque la respuesta sea errónea, lo importante es que haya una. La consecuencia de esto es clara: si disponemos de una, la respuesta, la pregunta que la precede se vuelve innecesaria. Muere. Y, con el tiempo y el olvido, asumimos esa respuesta en nuestro yo más íntimo y en nuestro miniuniverso al encarar nuestros asuntos:

> «Yo es que siempre lo hago así.»

> «Yo es que soy así.»

Ya podemos justificarnos cuando algo no va como *debiera*, lo cual nos viene muy a mano sobre todo en las conversaciones con los vecinos a los que les va mejor, en las reuniones con esos jefes que son másters del Universo o en las cenas navideñas con esos cuñados perfectos con más consejos que utilidades tiene una navaja suiza.

No obstante, hay otras maneras de enfocarlo.

Si algo en la vida parece que consistentemente no sale como uno desea y se tiene un *porqué* eso se manifiesta de ese modo (no consigo trabajo *porque* soy mayor, no encuentro pareja *porque* nadie se fija en mí, no emprendo *porque* no tengo crédito, no tengo más dinero *porque* no albergo la experiencia necesaria), uno podría plantearse dos opciones.

Uno, reforzar su *porque*. Sin duda, las razones, las causas de lo que nos sucede, son sólidas. Es difícil vivir en permanente incertidumbre y las explicaciones precocinadas conforman un salvavidas muy satisfactorio que nos alivia en nuestra frustración. (Y de paso le damos carnaza al cuñado-navaja-suiza para que se distraiga con nuestras razones.)

O dos, descartar esos *porques* y comenzar a hacernos preguntas incisivas que comiencen por *¿cómo?*: «¿Cómo puedo hallar trabajo en el que mi edad sea irrelevante?»; «¿cómo puedo realzar mi particular atractivo físico y el de mi personalidad?»; ¿cómo puedo incrementar mis ingresos/mi experiencia con las cartas que me han repartido en este juego?».

Cuando uno siente que esas preguntas lo incomodan, le escuecen, es una buena señal para continuar indagando, hurgando aún más en ellas: eso que sentimos al cuestionarnos así es la dura corteza que hay que quebrar si aspiramos a desvelar esos caminos aún no explorados que cambian rumbos vitales.

Su meta no se halla en una respuesta.

Se esconde en la pregunta.

45

Cuando una persona juega a ser algo acaba siéndolo

«Me falta autoconfianza.»

Juegue a que tiene más aplomo que los actores George Clooney o Kevin Spacey.

«No sé hablar en público.»

Juegue a que se graduó en la misma escuela de oratoria que Barack Obama o Mel Gibson.

«No sé cómo acercarme a esa persona tan interesante.»

Juegue a tener el temple de Humphrey Bogart o Harrison Ford.

«Soy la única mujer en un consejo de directivos.»

Juegue a que posee la cercanía y a la vez la implacable dureza diplomática de Golda Meir o Madeleine Albright.

«Mi vida a veces parece un caos.»

Juegue a que sabe perfectamente adónde se dirige, aunque no tenga, por ahora, ni la más remota idea.

Todos los personajes aquí mencionados representan un papel en el teatro público donde despliegan su labor. Algo que igualmente podemos hacer usted o yo, aunque en ocasiones nos tiemblen las piernas. Clooney seguramente se pone el traje de Clooney solamente en público. Al igual que Obama, Ford o Albright.

Muchas veces lanzamos deseos al aire: «Ay, si tuviera más valor para...», «si tan solo supiera cómo...», «lo que me faltaría solo sería hacer que...».

Cambiar comienza por aceptar profundamente que hemos de practicar, practicar, practicar hasta la maestría.

Cuando desee aprehender e integrar una habilidad o una destreza nuevas, aprenda lo máximo de ella: lea, vaya a cursos y talleres, estudie a aquellos a los que esa competencia parezca que les rebose por los poros de la piel. Pero, sobre todo, practíquela. Practíquela como un juego, *como si* hubiera nacido con ella. Juegue a ser eso que tanto admira y vuelva a jugar hasta que se olvide de que está jugando.

Juegue a no volver a bajar la vista cuando lo intimide un interlocutor impetuoso. Mírele directamente a los ojos. Es su derecho ocupar ese espacio sobre el que usted se tiene en pie y nadie le va a hacer renunciar a él.

Juegue a no volver a callarse lo que no desea callar. Cualquier impresión, por poco aduladora que sea, puede expresarse con cordialidad y sin perder firmeza.

Juegue a no volver a decir «sí» cuando quería decir «no», ni al contrario. Tanto «sí» como «no» son frases completas. Y no necesita justificar nada a nadie, salvo que usted lo desee.

Juegue pues entonces a mirarse al espejo, con la frente alta y los pies bien firmes en el suelo.

Juegue a expresar su verdad con palabras que no lo lastimen a sí mismo o a otros; esas verdades que son de veras importantes, por incómodas que estas sean.

Juegue a pronunciar esas dos palabras, «sí» o «no», con todo lo que llevan incluido y su punto final. Sin edulcorantes. No pesan tanto como parece.

Juegue tantas veces como sea necesario, *como si ya fuera usted* aquello que aspira a incorporar a su vida.

Juegue a ser eso las veces necesarias hasta que su gente cercana note su cambio y usted perciba que lo tratan de manera diferente, de forma acorde con su nueva habilidad. Su nuevo yo.

Será entonces cuando se dará cuenta de que hace tiempo que ha dejado de *jugar a hacer* algo para estar haciéndolo de verdad, como un simple juego.

46

El envoltorio no es el regalo

Cuántos deseos que no fueron concedidos han dado espacio a la manifestación de vidas muy superiores a la imaginada.

Quizá si hubiera ido a la universidad como ese hombre deseaba, ahora no disfrutaría de un tan elevado patrimonio gracias a su negocio y estaría en la cola del paro junto a las miles de personas sobradamente cualificadas académicamente para un trabajo que ya no existe.

Quizá si esa mujer hubiera aceptado ese puesto tan lucrativo en el otro hemisferio nunca hubiera conocido a esa persona con la que lleva décadas disfrutando de las sorpresas de la vida.

Quizá si uno no hubiera tenido que convalecer de esa enfermedad, no habría puesto el freno de mano a la frenética rutina que engullía sus años y su corazón habría echado el cierre ya hace tiempo.

Quizá si usted hubiera escuchado todos los consejos de tantos que siempre parecían saber mejor que nadie cómo proceder, no podría hoy decir que es libre de decidir, sin rendir explicaciones a nadie.

Lo que aparenta ser una pérdida puede ser el dolor necesario previo al alumbramiento de una nueva vida.

Por el contrario, lo que aparenta ser un golpe de fortuna puede encerrar un caramelo envenenado.

La vida nos reparte unas cartas en nuestro primer aliento sobre este planeta y nos invita a acercar la silla, a remangarnos y jugar la partida que corresponda. Cada partida es única, diferente. Los jugadores se arremolinan alrededor de la mesa tentados a jugarse lo mínimo posible para ganar el máximo a los demás. Todo podrá valer, incluso las trampas, mientras no sean desenmascaradas. Sin embargo, con la ceguera de un ego desbocado por ganar, pocos se darán cuenta con el tiempo de que realmente no importa el juego ni cuántos jugadores acerquen o separen su silla a un tapete donde caben todos y uno más, pues la partida *no* es contra los otros.

Es contra uno mismo.

Y cuando comenzamos a dominar una modalidad de juego, el crupier repentinamente cambiará mesa, tapete y baraja pero nos invitará en silencio a seguir jugando, a continuar arriesgando, ganando o perdiendo/aprendiendo, aunque no tengamos ni la más remota idea de quién diablos ha establecido las reglas de ese dichoso juego.

En el juego de la vida no importa con qué cartas nacemos. Importa cómo jugamos con las que nos han tocado y nuestra destreza en mejorar nuestra mano para ganar o aprender en cada ronda.

Periódicamente, quizá como un guiño o un respiro mientras dure la velada, nuestro discreto crupier nos ofrecerá una partida rápida de nuestro juego favorito o aquel en el que triunfamos hace tiempo, tan solo para terminar de cimentar el viejo aprendizaje, la lección casi olvidada.

Los avatares de la vida compondrían un sinuoso gráfico en un osciloscopio: ni todo lo que va bien irá siempre hacia arriba en esa pantalla fluorescente, ni todo revés será definitivo. Salvo que así lo decidamos y devolvamos las cartas al anónimo repartidor, quien, no obstante, no las reintegrará al mazo: más bien las apartará con cuidada precisión para no mezclarlas con las que no nos corresponden, aguardando pacientemente y en silencio a que aceptemos el reto de no desistir, un día más, un año más, una vida más, en pos de nuestra mejor partida.

Las cartas aguardan sobre la mesa.

¿Juega?

47

Miedo y cambio

La crisis de los cuarenta suele manifestarse, en general, en cualquier momento entre los treinta y los cuarenta y cinco años.

Pero resulta que también hay una crisis de los veinte. Y una de los cincuenta. Y la de los treinta y seis años con tres meses, dos días, nueve horas, cuarenta y cuatro minutos y doce, trece, catorce... segundos.

O sea, que crisis personales las hubo, hay y habrá en la trayectoria vital de todo individuo según vaya aumentando sus experiencias, aprendizajes, cicatrices, sueños realizados o pospuestos *sine die*.

Antes o después, una persona se da cuenta de que, muy posiblemente, ha seguido fielmente un *menú de vida*: estudiar → trabajar en algo seguro (sí, antaño eso era posible) → casarse para *siempre* (cuántas personas legalmente casadas llevan ya años separadas emocionalmente) → hipotecarse de por vida (esto sí que no cambia). En definitiva: *lo que hay que hacer*. Pero eso que *hay que hacer* lo ha definido una entidad sin cara ni buzón de sugerencias, a la que llamamos «sociedad».

Sin embargo, con el tiempo, la personalidad de un individuo va alcanzando un grado de madurez tal que, en muchos casos, comienza a comprender con nitidez lo que *no* quiere y a discernir el contraste con lo que *realmente* desea. Cuanto mayor es la diferencia entre ambas, mayor es esa especie de «dislocación» que experimenta en su interior entre quien «es» como individuo y lo que «hace» cada día.

Dicho esto, hay que ser práctico: muchos aspiran a vivir de sus esculturas, sus casas rurales, sus *apps* para *smartphones*, sus poemas o sus guisos de fusión, pero no todos pueden hacerlo realidad, por el momento. El mundo más conocido (que no es el único que existe, si abrimos bien los ojos) sigue funcionando mayoritariamente mediante intercambios que incluyen dinero, por lo que una de las cosas que una persona que vislumbra una inminente transición en su vida quizá desee primeramente explorar es su estructura de costes e ingresos (esto es, lo que necesita cada mes para vivir *versus* lo que quiere, *versus* aquello que querría tener en x tiempo).

No es de extrañar, pues, que cada vez más personas opten por hallar un trabajo para sí mismos y *otro* para ganar dinero: la teleoperadora que es artista en ciernes por las tardes, el informático que obtiene unos buenos ingresos gracias a su *hobby* de la fotografía, el organizador de ferias profesionales que gestiona un club de buceo para ejecutivos...

Así, las personas que aspiran a una transición profesional frecuentemente buscan aproximarse de forma gradual a aquello que más les gusta, mediante el aseguramiento previo de la cobertura de sus gastos básicos en trabajos considerados quizá *menores* por el vulgo, pero que les permiten, y este es el truco, *comprar tiempo* para hacer eso otro que realmente quieren hacer. De este modo, una persona que reduce sus costes superfluos mensuales se podría permitir encontrar un trabajo de responsabilidad muy limitada, lo que le aseguraría «salir a su hora y ni un minuto más» para irse a casa (o a donde sea), a seguir trabajando en *su propia idea* y desarrollando una muy personalizada profesión de su elección que seguramente deberá (re)inventar a cada paso. Es el pequeño precio de la decisión de pensar fuera de La Caja del Trabajo en que nos introdujeron no sabemos muy bien cuándo.

Para este y otros casos de transición y cambio (un nuevo país, una nueva relación, un microemprendimiento), solemos asumir de partida que los saltos de una orilla a la otra deben ser hechos de una sola vez, pues, si no, caeremos al agua y nos veremos arrastrados por la corriente... o peor aún, nos ahogaremos. Sin embargo, la realidad, las más de las veces, suele componerse de pequeñas microtransiciones intermedias entre nuestra situación actual y la situación deseada. Teniendo esto en mente, el cóctel (idea + perseverancia + trabajo + acción creativa) suele dar resultados que algunos observadores externos más cínicos (y menos valientes), a falta de mejor explicación, calificarán de *milagrosos*. Para que haya *magia* tiene que haber *acción*. El ilusionismo de circo es otro asunto.

Este trayecto no lo hacemos solos: nos acompaña ese viejo polizón que tantas veces nos alumbra... y tantas nos deja en las tinieblas. En efecto, el miedo, es una de las emociones básicas que vienen incluidas de serie en nuestro paquete genético (junto a la tristeza, la ira, la dicha, la alegría...). Por ello, no podemos deshacernos por entero de él. Así que deje de luchar contra sus temores: acójalos, compréndalos, haga buenas migas con ellos, acéptelos como quien acepta a ese compañero de vuelo que no se calla ni debajo del agua.

En su momento, hace miles de años, el miedo cumplía una función muy concreta: huir de los depredadores o prepararnos para defendernos de su ataque. Hoy, aunque haya perdido parte de esa función, sí sigue sirviendo como *mensajero* acerca de lo que sentimos y lo que *creemos* que las cosas son... o serán. Churchill decía que a lo largo de nuestra vida sufrimos por situaciones y tenemos miedo de muchas cosas... que nunca sucederán.

Con ese miedo, exacerbado, una persona puede paralizarse, como el proverbial ciervo en mitad de una carretera de noche que se queda inmóvil de terror al ver un coche enfilando hacia él. Pero también puede emplearlo para actuar, para evitar algo que no quiere, concentrando de ese modo su energía (pensamientos, decisiones, actuaciones) en conseguir aquello a lo que aspira. Por consiguiente, si ese temor es paralizante, demasiado grande, demasiado verde, demasiado maloliente, con colmillos demasiado grandes, quizá debamos considerar caminar con pasos más cautelosos hacia adelante, pararnos momentáneamente, o adquirir herramientas mentales para gestionar ese temor.

Pero que la prudencia no se torne excusa: el miedo debe espolearnos hacia el gran premio.

Otra de las cosas que quizá debamos explorar es el círculo de personas con las que nos relacionamos. Es previsible que, ante nuestras decisiones, si bien algunos simpatizarán, otros nos darán las *perfectas-razones-para-no-hacer-lo-que-nosotros-realmente-queremos-hacer* (como si no nos bastáramos solos, gracias). Quizá sea entonces el momento de dedicar mayor tiempo a relacionarnos con personas que vivan *ya* en nuestra situación deseada, en lugar de buscar confort y refuerzo únicamente en el grupo de personas que habitan en el entorno del que precisamente deseamos salir. Para que un ingeniero industrial dé el salto al mundo de su *hobby* y pueda vivir de los conciertos de su grupo musical, posiblemente le sean más de ayuda las personas que ya están viviendo en el mundo de la música, que lo podrán asesorar de forma más idónea, que un gran ingeniero que no ha visto más instrumentos de cerca que la flauta de cuarto de primaria.

Este ejemplo, el de la música, puede ser extensible al resto de las disciplinas y ocupaciones, pues cada individuo debe decidir en última instancia qué es importante, qué es exitoso, para él. Hay excelentes músicos que solo tocan en pequeñas salas y tienen ventas modestas; y músicos mediocres que venden miles de copias en horas. ¿Quién es más feliz? ¿Y más exitoso? Esto es algo que solamente ellos pueden responder, y únicamente ante ellos mismos cada noche al acostarse.

La definición de *éxito* solo le pertenece a uno mismo. Solamente nosotros podemos determinar cuál es nuestro grado de motivación para conseguir lo que nos proponemos. Únicamente nosotros seremos el juez de nuestro éxito. Si tuviéramos cincuenta años más de los que tenemos ahora, ¿qué nos gustaría podernos decir acerca de las decisiones y pasos que adoptamos en nuestra vida?

Para conseguir el éxito en toda transición profesional, personal, financiera, es importante trabajar en cuatro aspectos:

1. Nuestro grado de *motivación*: a nadie más le incumbe cuánto deseamos lo que deseamos. Rodeémonos de personas que apoyen nuestros sueños, no que los desdeñen o que nos pongan en situación de tener que justificarlos.
2. Nuestro *conocimiento*: lo que necesitamos saber para poder alcanzar eso que nos proponemos. ¿Acaso es el funcionamiento de una industria-destino?; ¿quizá cuáles son las nuevas tendencias?; ¿adquirir mayor maestría, quizás?
3. *A quién* conocemos, quién nos apoya, quién va a adquirir nuestras ideas, posibles inversores, mecenas, escenarios donde hacernos visibles, públicos, clientes.
4. Acción, movernos, *actuar*. Sin esto no hay nada. Aunque sea un paso cada día, por pequeño y aparentemente inocuo que pueda parecer. Cada día, cada día, cada día, no nos acostemos sin haber hecho algo; ese-poquito-más que nos aproxime a lo que aspiramos: un contacto, una información, un seminario, una llamada de teléfono a un amigo de un amigo que conoce a un contacto valioso.

Un último comentario: celebremos esos *poquitos* que vayamos avanzando. Nos han inculcado un obligado (y ficticio) altruismo por el que nuestra mente nos trata de modo muy severo cuando no hacemos lo que «se espera» y poco generoso con nosotros cuando hacemos algo que nos acerca a lo que deseamos desde nuestro *yo* interno. Romper la Zona de Confort pasa por revertir esta dinámica: hagamos más de lo que nosotros decidimos es relevante y menos por complacencia con el «sistema».

Consideremos nuestro avance en el último año, al cabo de dos, y al cabo de cinco. Marquemos nuestro objetivo a x años y establezcamos planes de acción e indicadores de logros que evidencien, negro sobre blanco, que, en efecto, estamos avanzando.

Celebremos pues cada pequeño éxito: nuestra mente, a la que le encanta ser agasajada (mediante los circuitos neurológicos de recompensa), buscará modos de que volvamos a hacerlo de la mejor manera: empujándonos hacia el siguiente logro.

48

Abonar la flor equivocada

Les invito a responder el siguiente y absolutamente *acientífico* Test de la Vida, basado en algunos escenarios en los que (casi) todos nos hemos encontrado alguna vez:

Escenario nº 1

Qué persona más atractiva. Me encantaría acercarme e invitarle a un café. Pero (*escójase opción*):

- ☐ Seguro que ya tiene pareja.
- ☐ No le pareceré interesante.
- ☐ No tengo una nómina de seis dígitos.
- ☐ Llevo hoy mi ropa interior favorita (sí, ya sé que me viene dos tallas demasiado grande, pero es que es comodísima).

Decisión probable: Mejor me quedo quieto donde estoy. Total, seguro que en el fondo es un ogro/una bruja que va de interesante.

Primera semilla: La Duda.

Escenario nº 2

Qué buena oferta laboral. Me encantaría ocupar ese puesto y ascender por fin en mi carrera. Pero (*táchese lo que no proceda*):

- □ Más de quinientos candidatos presentarán su currículum, seguro.
- □ Ahí solo se debe entrar por enchufe.
- □ Si tan solo tuviera ese par de años más que piden de experiencia.
- □ Qué pereza empezar de nuevo: con lo bien que hago lo que hago (y lo bien que tapo lo que no...).

Decisión probable: Mejor me quedo donde estoy. Total, seguro que el jefe es un cretino redomado con aires de máster del universo y, además, si me voy pierdo mis derechos adquiridos.

Segunda semilla: El Miedo.

Escenario nº 3

Qué buena oportunidad de negocio veo aquí. Me encantaría meterme en ella con un socio, invertir y divertirme mientras trabajo y facturo por ello. Pero (*seleccione la peor respuesta*):

- □ En este país solo funciona tener un dinero B del que yo no dispongo.
- □ Si le digo a mi familia que «soy empresario», contratan a un detective privado para ver dónde he montado el club de carretera.
- □ Déjate de IVAs y de Seguridad Social, eso es un peñazo tremendo y no merece la pena.

- La deuda soberana está fatal con respecto al bono alemán, y miravayapordiós que la importantísima agencia de *rating* Pin & Pon Brothers amenaza con bajar otra vez la calificación.

Decisión probable: Mejor me quedo donde estoy. Total, esos libros que hablan de emprendedores que se divierten ganando una pasta deberían de estar al lado de *Peter Pan* en la sección de Cuentos de Hadas de las librerías.

Tercera semilla: El Des-aprecio.

En demasiadas ocasiones, ante un cambio vital que requiere de nosotros pensar fuera de la Zona de Confort (o sea, siempre) para conseguir algo que nunca antes habíamos logrado, primero nos dejamos seducir por la cegadora belleza de la Duda. Después, nos dejamos embriagar por el hipnótico y amargo aroma del Miedo. Finalmente, nos guarecemos del frío de lo inesperado entre las ramas del Des-aprecio.

Y de esta forma en el Jardín de nuestra Vida van creciendo las semillas del Miedo, de la Duda y del Des-aprecio, a las que continuaremos regando, orientándolas al sol en sus macetas, abonándolas diariamente con nuestros pensamientos menos elevados y menos inspiradores. Qué agradecidas serán en poco tiempo esas plantas, qué rápido crecen con tan solo que les dediquemos unos breves instantes cada día.

A menudo pinchamos nosotros mismos nuestras propias aspiraciones, tornándolas de majestuosos globos aerostáticos con los que dar la vuelta al mundo en irisadas y ridículamente efímeras burbujas de jabón.

Se desactiva así la carga emocional de esos deseos (es decir, la motivación) a través de una muy predecible des-escalada:

Idea estimulante (una aspiración, una meta) → deseo verbalizado (o imaginado y visualizado) → aparece un «pero» que elevamos a rango de verdad absoluta → nos concedemos unas autopalmadas de consuelo en el hombro por la pérdida de algo que, de todas formas nunca fue nuestro → regresamos a la rutina diaria, poco enriquecedora quizá, pero, «es lo que hay, así que deja de calentarte la cabeza».

En ocasiones no solo tememos perder.

Muchas, muchísimas veces, tememos ganar.

La Duda deslumbra más que la Confianza. Pero la segunda ilumina sin cegar. Dé pasos pequeños, si el asunto lo requiere. Pero cuando lo haga, pise fuerte.

El aroma del Miedo es familiar, esperado, conocido. Pero el Valor gusta de los espacios abiertos para germinar. Abra las ventanas de su mente y airee sus temores con las personas que lo apoyarán. Cuanto más comparta sus miedos, más se debilitarán; cuanto más coraje les infunda a ellos, más rápidamente le ayudarán a avanzar.

El refugio del Des-aprecio es tan vacuo como el potencial de un aprendiz que no desea aprender. Abrazar el Reto que nos abrasa el alma es el último santuario de los héroes que escriben la Historia.

No es posible pensar y no-pensar a la vez; caminar simultáneamente hacia el norte y hacia el sur o abonar las malas hierbas pretendiendo que crezca el rosal.

Adonde dirija su pensamiento, apuntará su acción. Donde apunte su acción se hallará el resultado.

La contienda entre sus pensamientos se libra cada día, cada hora.

Sea el héroe en su batalla.

49

O asombra o es uno más

Este espacio-tiempo en el que vivimos lo estamos compartiendo simultáneamente con otros miles de millones de individuos (cada uno con sus propias aspiraciones, deseos y frustraciones) y millones de empresas y tipos que nos intentan colocar sus billones de productos.

Antes era más fácil. Estábamos aborregados de una manera tal que casi había una correlación perfecta entre la inversión en publicidad y el retorno en la cifra de facturación. La fórmula era moderadamente sencilla: ¿que tenemos que lanzar/colocar/hacer/recordar un producto? Sin problema: invertimos un par de paladas de oro en unos meses de publicidad con el actor o la creatividad adecuados en televisión y luego a esperar sentados los pedidos.

Hoy esto ha cambiado.

Ahora es una locura.

Cierto es que, a veces, seguimos aletargados. Quizá por otras cosas, sin haber conseguido aún despertar del adocenamiento inducido por los medios de masas y los mercados. Pero, la diferencia es que, esta vez, el proceso es diabólicamente vertiginoso: en cuestión de segundos, un producto, una opinión, una promoción; o una manifestación, unos disturbios en la capital de cualquier país o una foto trucada de un deportista con la novia de su entrenador saliendo de comprar ropa de bebé se propaga como un incendio en un almacén de queroseno.

Y con la misma rapidez el efecto de cada proceso se extingue. Ni las cenizas se recordarán en apenas días, o en horas.

Hoy, la pugna no es por el mejor producto, el mejor servicio, el mayor descuento... ni siquiera lo es ya por la calidad vista la obsolescencia programada de nuestros electrodomésticos u ordenadores. La verdadera lucha comercial en la actualidad radica en atraer la *atención* de una audiencia específica a la que necesitamos para vender o colocar nuestros servicios, nuestros productos o nuestro currículum. Es como si viviéramos permanentemente bajo la lupa de los *rankings* de audiencia de una televisión de pago cuyos estudios de grabación son el planeta entero: seguidores en Twitter, *me gustas* de Facebook, número de páginas diarias visitadas en un blog...

Es una vorágine peculiar. Muchas de esas personas *no quieren* estar en esas redes sociales, pero argumentan, poco más o menos, que: «Si no estás, entonces no eres».

«Como para no estar, tal como está el patio», argumentarán algunos.

El problema es que esta vorágine no tiene fin: siempre hay un seguidor más, un *amigo* más que poder decir que tenemos y lucir como una condecoración, la penúltima chapa de latón en una pechera que mostrar ante el mundo.

Este comportamiento nuestro tiene su sentido antropológico. Otra cosa es que cada uno lo estime como absurdo o valioso.

Veamos.

Nuestro cerebro está cableado para:

1. *Prestar una atención máxima y finita a una sola cosa en cada instante*. La multitarea, sencillamente, no es posible. Cuando creemos que somos capaces de hacer varias cosas simultáneamente (hablar por teléfono y conducir, responder un email y preparar el pavo trufado de la cena; hacer el amor y repasar mentalmente las capitales de las antiguas repúblicas soviéticas, que si no se acaba muy rápido la fiesta), en realidad lo que hacemos es alternar nuestro enfoque de una actividad a otra muy rápidamente, de A a B y de B a A en apenas fracciones de segundo. Piense en A mientras hace B, y lo más previsible es que el resultado de ambas no será óptimo.

2. *Ser impaciente*. Este órgano que tenemos encerrado en el cráneo sigue, para muchas cosas, anclado en su función original de hace eones. ¿Que encontramos comida cuando tenemos un hambre canina? La primera reacción será engullirla *ipso facto* aunque no sea saludable. ¿Que tenemos la posibilidad de un encuentro íntimo inesperado con esa persona tan atractiva? Habrá que hacer un esfuerzo titánico para no sucumbir, aunque no llevemos las debidas

precauciones («seguro que no pasa nada» nos diremos, en un alarde de presciencia). ¿Que tenemos la oportunidad de ganar poco dinero, pero de un modo razonablemente seguro, cada mes? Entonces, dejémonos de historias de emprendedores de éxito, que eso es para las películas. De este modo, la virtud de la *paciencia* acaba siendo un constructo ficticio. Por supuesto, esta puede (y posiblemente debe) entrenarse para una vida de éxito. Pero no nacemos con ella de serie. Más bien al contrario. Cuántos problemas se resolverían por sí solos si los dejáramos madurar y fenecer sin intervenir, si fuéramos capaces de controlar nuestra ansiedad por quitárnoslos de encima.

3. *Rodearnos y nutrir (y ser nutridos por) una relación emocional constructiva con aproximadamente unas 150 personas como máximo* dado el tamaño de nuestro neocórtex cerebral, conforme al postulado del ya mencionado antropólogo británico R. Dunbar.[11]

Cuando nos enfrentamos pues a esta situación (millones de individuos pugnando por la atención de millones de otros individuos en millones de escaparates o pantallas a fin de que compren millones de productos), no nos engañemos, la forma de pugnar por esa escasísima y efimerísima atención no consistirá en hacer *más, más, más*... sino en hacer *diferente, diferente, diferente*.

11. Siguiendo así el llamado *Número de Dunbar*, quien asegure tener, pongamos, 900 contactos entre Facebook, Twitter, Google + y LinkedIn, en proporción alojaría un cerebro del tamaño del de un cachalote.

Usted puede empezar su proyecto con sus primeros 150 clientes, pero no los trate como si todos fueran el mismo cliente multiplicado por 150.

Atienda a cada uno como si fuera el primero. Y también como si fuera el último.

Hágale sentirse único a cada cliente. Trátelo como si fuera el centro de su vida: a todos nos gusta sentirnos especiales para otro ser humano.

Asómbrelo, impresiónelo, dele razones para que regrese una y otra y otra vez. Póngale difícil que no hable de usted con sus amigos, su familia, sus proveedores, sus propios clientes.

Elévese su propio listón un centímetro más arriba en cada salto que acometa para dar una mejor atención a cada uno de esos 150. Y cuando esté cómodo superando ese límite, vuelva a incrementárselo.

No imite lo que se haga en su sector. Cree usted las reglas. Establezca los parámetros en los que *los demás* le tengan que imitar a usted.

Y cuando tenga a muchos seguidores haciéndolo tanto o mejor que usted, rompa el molde y vuelva a sentar las bases de su oficio o sector.

Cuantas más veces le digan sus detractores: «Esto aquí no se puede hacer porque...», más seguro esté de que usted les está haciendo sus vidas algo más incómodas, pues se sienten inseguros en sus asientos de *lo normal*. Es su pereza, la de ellos, la que buscan imponerle a usted para que deje de incordiar.

Nadie admite que quiera formar parte del pelotón de cola que anda siguiendo la estela del primero, viendo durante kilómetros y kilómetros nada más que la rueda del de delante.

Sea usted, no el pelotón en la masa, si no el que cree una estela con su servicio, su producto, su atención.

Asómbrenos.

50

Vaciando la mochila

Nacemos pensando que todo es posible mientras podamos imaginarlo.

Sin embargo, el proceso de educación y socialización de los humanos desde su nacimiento incluye aprender lo que no se puede hacer, lo que no se debe hacer y lo que los demás sí quieren que hagamos en el grupo en el que nos haya tocado encajonarnos/encajar.

Nacemos con la majestuosidad del águila, pero *aprendemos* a quedarnos en el gallinero junto al resto de los pollos, picoteando grano entremezclado con guano o unos a otros por unos preciosos centímetros cuadrados de espacio vital.

Permítame una recomendación. Encuentre el tiempo para realizar el Camino de Santiago como peregrino. Sean cuales sean sus (no) creencias, su edad, su etapa vital, su oficio, su estado civil o su filiación política, haga el Camino. Y, mejor aún, hágalo sin acompañante. Dedique aunque sea una semana de su existencia a *re*conocerse, a experimentar con usted mismo, a empujar sus propios límites, a convivir con usted, a olvidarse el cargador del móvil y la contraseña del email.

Prepárese el viaje a conciencia, pues ciertamente son muchos kilómetros de recorrido. En Internet hallará docenas de recursos valiosos y libros colmados de recomendaciones.

Pero con esa información haga entonces lo que hicimos todos y acabe *ignorando* esos buenos consejos de otros experimentados peregrinos para acometer el Camino a su manera: lleve esa única camiseta de más, ese iPod, que tampoco pesa tanto; ese bote de gel de ducha de litro porque el pequeño es demasiado pequeño, ese saco de dormir que es algo pesado pero bien calentito, esas botas forradas que son el último grito en ingeniería textil avaladas por la NASA.

Cuando comience el Camino en sí, se dará cuenta de que, en fin, tampoco es tan gran reto como lo venden. En su mochila lleva todo lo que necesita y quiere. Constatará que tampoco pesa tanto. Y vamos allá, que Santiago de Compostela no espera.

Según vaya caminando en soledad, sin embargo, irá notando que esa pequeña arruga en la hombrera de la mochila le está rozando la espalda de mala manera. Que ese ridículo doblez del calcetín le está creando la madre de todas las ampollas a pesar de la vaselina que se ha untado esta mañana. Que detenerse a la sombra de un árbol con la camiseta empapada en sudor le va a dejar tiritando de frío en apenas unos minutos. Que, en suma, se está más cómodo en casa, y que qué demonios estoy haciendo aquí pudiendo estar jugando al golf en el club.

Si arroja la toalla entonces, perfecto. No pasa nada. Nadie le va a juzgar. No hay un árbitro ni un podio, ni una medalla ni un glorioso himno al final del trayecto, ni una multitud aclamándole en pie.

Pero ya que ha empezado, ¿por qué no concluir la experiencia?

Quizá comenzará a plantearse en algún momento si lo que lleva en la mochila realmente, realmente, lo necesita. Sus tobillos quizás estén resintiéndose, su espalda la nota sobrecargada, su paso es más bien lento y en ocasiones tirando a arrastrado. Pareciera que esa mochila hubiera crecido. Hasta nos cuesta levantarla a la mañana siguiente. Hay que vaciarla como sea.

Hasta aquí, lo obvio.

Pero es posible que, en algún punto de la aparentemente inacabable caminata, algo haga *clic* en su mente que le invite, como quien no quiere la cosa, a plantearse si quizás estuviera portando también algún lastre en *la otra* mochila, la de su vida, un lastre del que pudiera suponer un alivio deshacerse.

Abramos esa otra mochila, a ver qué encontramos.

Hay piedras, sí. Unas cuantas por lo que parece. No es de extrañar que pese tanto.

¿Qué harán aquí? Veamos:

La piedra de la hiper-responsabilidad de asumir las decisiones de otros mientras posponemos las nuestras.

La piedra de vivir el día a día para «quedar bien» antes que «quedarse bien». Esta es grande, sí.

La de competir en lo superfluo pues «yo no voy a ser menos que mi vecino». Esta es bonita y todo, hasta dan ganas de quedársela.

La de replicar rutinas absurdas porque «es que los demás también lo hacen». Cómo pesa esta, demonios.

La del «nada me va bien», que tanto les gusta a los otros viajeros que llevan una piedra igual. Normal: encajan como un puzle.

La de «no me entiende nadie, el mundo está en mi contra». Esta es ligerita y tampoco ocupa tanto.

La de «esto es lo que me ha tocado vivir, poco se puede hacer». Esta ocupa casi todo el fondo de la mochila. Está bien aposentada ahí dentro.

La de ....

La de .... y

La de ....

Explore la mochila de su vida.

Alrededor de los 35-45 años suele haber un cambio peculiar en nuestras vidas: dejamos de meter piedras *aprendidas* en nuestra mochila y comenzamos a *sacar* las que nos sobran y retienen... dejando espacio para las piedras que realmente nos importan.

Paradójicamente, estas nuevas piedras tan valiosas, sin importar su volumen, apenas nos suponen un peso:

Las relaciones enriquecedoras y motivadoras.

Las materializaciones de proyectos de vida profesional ideados por uno mismo.

El cultivo del cuerpo, del espíritu, de la inteligencia.

La calma, el silencio, la reflexión.

La diversión, el humor, el disfrute, la celebración. (No todo tiene que ser tan zen, ¿no?)

Algunas personas invertirán la segunda mitad de su vida soltando el lastre que se cargaron alegremente al hombro durante la primera mitad.

Es una buena manera de caminar más ligero y poder detenernos de vez en cuando, no porque no podamos ya más con la carga, sino para admirar el paisaje que se extiende a lo largo del sendero.

50 + 1

Coaching no invasivo

Antes o después, todo ser humano experimenta una pérdida o un revés serio.

Un despido inesperado, una ruptura sentimental desgarradora, una quiebra, un despertar en una vida prestada y ficticia durante años.

El individuo entra en lo que se denomina un proceso «de duelo» tras un golpe de estas características. Quizás esto suene algo desagradable (lo es), así que llamémoslo un proceso de renovación, de transición, de re-invención, de re-estabilización. Lo que menos rabia les dé.

Si el golpe ha sido muy fuerte, algunas de esas personas acudirán a un psicólogo o psiquiatra, quien previsiblemente les prescribirá (a veces con demasiada alegría) ansiolíticos y/o somníferos entre otros cócteles químicos.

Algunas de esas mismas personas simultanearán, además, sus esfuerzos por hallar (o inventarse) un nuevo Norte con el trabajo con un *coach*.

Sin embargo, una persona que tiene un estado alterado de conciencia por una medicación (pues eso es lo que hacen esas pastillas, al igual que el alcohol y otras drogas) no está en condiciones óptimas de trabajar*se* haciendo *coaching*: su desequilibrio químico cerebral es tal (demasiado relajado, demasiado inerte, demasiado pasivo, demasiado ausente), que las decisiones que tome (no digamos ya las acciones) previsiblemente no serán las que adoptaría estando *sobrio* y en una disposición como *observador de su realidad* razonablemente neutra.

Si han visto la película *Salvar al soldado Ryan*, recordarán las escalofriantes escenas iniciales en las que se recrea el Desembarco de Normandía en el Día D por parte de las tropas aliadas. La crudeza de las imágenes es bien plausible: morteros, cañones, balas, triturando y desmembrando los cuerpos de los soldados en la playa y tiñendo el mar de rojo oscuro. Los paramédicos, con más dosis preparadas de morfina que balas en las cartucheras, van inyectando sus jeringuillas con esa droga a aquellos soldados que se desangran para, al menos, aliviarles el dolor hasta que los evacuan... o hasta que mueren.

No importa cuánta morfina o su equivalente legal nos inyectemos: si estamos gravemente heridos, quizá consigamos no sufrir, eludir el dolor; pero nuestra femoral sigue perdiendo sangre muy rápidamente mientras nos quedamos mirándola sonriendo.

Cualquier persona que experimenta un duelo debe cruzar y trascender sí o sí, aunque sea reptando, la primera fase, la del dolor, si quiere alcanzar la última fase, la de reinventar una nueva vida desde las cenizas. Que no queramos estar heridos, tras el golpe, no quiere decir que no lo estemos. Querer que la herida cicatrice no quiere decir que la herida ya esté suturada. El alma, como el cuerpo, requiere de un período de sanación que es individual y único y que, sí, puede acompañarse no solo por una terapia (sin medicación) sino también por un *coaching* bien conducido que apuntale una recuperación más ágil y sólida.

Si es usted *coach*, y su *coachee*/cliente está pasando por esa primera y dolorosísima fase, quizá no deba plantearse grandes objetivos a corto plazo. Si la otra persona considera un logro levantarse cada mañana, ducharse y nutrirse, tenga la certeza de que el avance ya es mayúsculo. Ya llegará el momento de ganar velocidad de crucero. Déjele espacio para que se vuelva a tener en pie. Respete sus plazos naturales, pero asegúrese de que esa persona renueve con frecuencia su deseo de no navegar a la deriva.

Si usted tiene un *coach* durante un revés serio, déjele claro que está en plena fase de duelo. Si, en lugar de espolearle a usted con mimo, su *coach* lo presiona, despídalo.

Y aunque quizá sea lo último que quiera oír, sepa que trascenderá y aprenderá a vivir con ese revés. Los recuerdos no se podrán borrar, cierto, y ni falta que hace, pero sí se puede acariciarlos desde la mar tranquila que solo el tiempo otorga. Y, si puede permitírselo, prescinda de medicación, pues esta alterará su estado de conciencia, su equilibrio neuroquímico, su capacidad de decisión consciente, a veces de manera permanente por su composición potencialmente adictiva.

En lugar de *doparse*, hable todo lo que necesite para liberar su dolor, sus emociones, si lo necesita; llore, aporree una almohada, grite en la ducha; pero permítase también que unas briznas de humor lo visiten siquiera por un resquicio. Rodéese de excelente compañía (es buena ocasión para desempolvar la agenda esa que todavía guarda de cuando la gente empleaba tinta y cartoncillo para imprimir tarjetas de visita); halle una, dos o tres actividades laborales y/o lúdicas que lo ensimismen durante horas (no desestime ese curso intensivo para aprender coreano); olvídese de las noticias de la tele y los diarios, haga ejercicio aeróbico hasta que le ardan las piernas, nútrase como un atleta pero dele gusto al cuerpo también (ah, ese chocolate). Permítase mimarse y que lo mimen. Recomponga sus fuerzas.

Genere usted así, para sí mismo sus propios opiáceos (y las endorfinas que genera su glándula pituitaria e hipotálamo lo son), libres, legales y gratuitos.

Y cuando vuelva a ser capaz de caminar sin muletas, despida a la persona con la que trabajó en su proceso de *coaching*.

Es un buen indicador de que ambos habrán hecho impecablemente su trabajo.

50 + 2

La gran pregunta

El problema vuelve y regresa, reaparece y revive, y nos sacude y nos aturde con su insistencia a lo largo de los años. Una y otra y otra vez:

«No soy capaz de mantener una relación.»

«Parece que tengo un imán para atraer al tipo de personas que no me gustan.»

«Siempre me acaban despidiendo de los trabajos.»

«Cada jefe que tengo es peor que el anterior.»

«No hago más que perder dinero en todas las inversiones en las que me meto.»

«Es la enésima vez que un socio me traiciona.»

La primera vez que nos encontramos con el problema, habitualmente lo resolvemos, mal que bien, adoptando una decisión y una actuación concretas.

La segunda vez que nos encontramos con el mismo problema, tendemos a emplear aquella solución que funcionó en primera instancia.

La tercera vez que se entromete el mismo problema en nuestras vidas, que ya está bien, vamos directamente a nuestra caja de herramientas y lo erradicamos, ahora sí, con cierta destreza.

Quizás ese problema reaparecerá una cuarta, una quinta, una sexta vez... hasta que emerjan dos posibles escenarios:

1. Que nuestra solución ya no funcione, o que funcione únicamente con un resultado mediocre.
2. Que nos hartemos y comencemos a preguntarnos si, acaso, quizá, seamos realmente *nosotros* quienes, de hecho, estemos creando ese problema.

En el primer caso, muchos decidirán dividir sus días en dos: el 50 por ciento de sus horas intentarán una y otra vez aplicar al problema aquello que antes funcionaba, aunque ahora sea inefectivo. Una y otra y otra vez («Demonios, esto tiene que funcionar»). El otro 50 por ciento del tiempo, lo dedicarán a rascarse la cabeza y a quejarse a quien quiera oírles (aunque el otro esté repasando mentalmente la lista de la compra) acerca de lo que le está sucediendo.

Por fin, algunos comenzarán a darse cuenta de que, por mucho que sigan dándose cabezazos contra la pared, esta no cede un ápice. Es más, lo único que parece ceder es su cráneo. Y es entonces, cuando empieza a dolerles la cabeza, que llega la hora de plantearse algunas preguntas.

Entre estos, algunos pocos dejarán de echar la culpa al Universo (o sea, a los demás) y de quejarse de lo mal que está *la cosa*, para comenzar a sospechar que, quizá, la solución pase por las únicas dos cosas que realmente pueden cambiar:

Su perspectiva.
Sus actuaciones.

Si la atalaya desde la que usted otea la situación que lo abruma tiene el sol de frente, cambie de perspectiva para que el sol ilumine el escenario sin deslumbrarlo a usted.

Si la vida no hace más que presentarle limones, en lugar de rechazarlos porque adora las naranjas, monte el monopolio mundial de limonada con ginseng y taurina, y llámelo *Yellow Cow*. Si la vida le regala piedras, en lugar de arrojarlas al cielo (la gravedad, de veras, no falla nunca) diseñe con ellas un balneario zen para jubilados con ganas de que los mimen y dinero para pagarlo. Si la vida le ofrece paladas de estiércol sin fin, en lugar de echarlo a escondidas a la parcela del vecino cuando no mire, hable con un botánico y lo dejará boquiabierto (mientras usted se sigue tapando la nariz) acerca de la vida vegetal que puede crear con él.

En el segundo escenario, comenzamos a sospechar si acaso estuviéramos de hecho *creando* nuestros propios problemas nosotros mismos, sea por nuestra acción, nuestra inacción o por tener la atención distraída en lo irrelevante.

Si es así, simplifique el asunto todo lo que pueda. Asuma por un momento que nadie en el Olimpo de los dioses ha consagrado su existencia suprahumana a hacerle la vida imposible a usted.

Imaginemos por un momento que no va con usted ese problema. Que le está sucediendo a una persona cercana, a la que ve pasarlas canutas intentando descifrar el código jeroglífico de su calvario particular.

Quizás una buena manera de invitarle a generar soluciones sea preguntándole:

«¿Qué se te está intentando decir con esto?»

«¿Cuál es el mensaje que *aún no* has visto en ese problema?»

«¿Qué has de aprender de esto, y que obviamente aún no has hecho, acerca de ti mismo?»

Con esta perspectiva, uno deja de ver el problema como un enemigo externo con el que batirse, para comenzar a contemplarlo como un mensajero con información muy concreta pero presentada en un idioma que desconocemos y para el que el diccionario correspondiente está en alguna estantería oculta de nuestro cerebro.

Su problema, entonces, no es solo un problema. Es un emisario que trae un telegrama a su nombre y que, (des)afortunadamente no va a poder devolver a su remitente... pues es *usted mismo* quien está enviándose ese mensaje. Podrá dejar por ahí su telegrama, cogiendo polvo en una mesilla, como quien no quiere la cosa. «Si no lo miro, no existe.» Pero no se va a evaporar por mediación de un piadoso mago Gandalf.

Agarre ese sobre, pues, y ábralo.

Léalo del derecho y del revés. Entre líneas. Hacia atrás. Saltando palabras. Lo que sea.

Descifre la clave que desvele el modo en el que usted esté creando, permitiendo, provocando, atrayendo ese problema.

Resuelva lo que pueda resolver.

Acepte lo que sea insoluble.

Y continúe diseñando su vida por terrenos inexplorados.

En sus propios términos.

Epílogo

Lo que aguarda al otro lado

Has hecho tu trabajo.

Pudiendo elegir, escogiste el camino difícil. Las demás vías ya habían sido demasiado recorridas por demasiada gente en demasiadas ocasiones.

De hecho, según avanzaste, te diste cuenta de que, pudiendo escoger, elegiste no seguir ningún camino trazado por otros.

Muchos, antes, malgastaron sus años intentando transitar por amplias avenidas ya asfaltadas, autopistas de ocho carriles, cómodas, seguras, ciertas; y todo para llegar, a mitad de trayecto, a una gigantesca barrera con un cartel que les advertía de que el viaje que estaban intentando realizar replicando concienzudamente los pasos de otros héroes, ya no podría continuar más allá:

El camino a un éxito, *una vez* ha sido transitado por alguien, nadie más puede ya volver a recorrerlo.

Así que, en aquel entonces, no tuviste más opción.

Comenzaste pronto. Comenzaste con dudas.

Pero comenzaste con determinación.

Desbrozaste en la maleza que te rodeaba una primera entrada. No recuerdas muy bien dónde.

Simplemente te abriste el primer paso.

Tenías claro tu propósito, la brújula que te guiaba. Que la vegetación a tu alrededor fuera tan espesa, tan enzarzada, era secundario para ti. Irrelevante.

Te mantuviste rumbo a tu norte. Seguiste apartando las rocas sin reparar en su monumental peso o lamentarte por los callos de tus manos.

Hallaste tus modos, aun sin tener muy claro cómo.

Conquistaste tus territorios.

Violaste la «Gran Regla Sagrada»; la del «No Podrás».

Por fin llegaste a tu destino; y ahora te recuerdas cada noche, con la paz del corazón del fuerte que, simplemente: «Lo conseguiste».

Rompiste los moldes. Quebraste las normas. Te demostraste que cualquier cosa que desde dentro decidas conseguir, también quieres, puedes y debes alcanzarla.

Te probaste a ti mismo que no necesitabas ya más que te dijeran lo que se esperaba de ti para conformar a las masas, pues hallaste una «Misión» para tu vida demasiado importante como para continuar agradando a los mediocres.

Te demostraste que lo valiente, y no lo fácil, es lo que te devolvería el majestuoso poder de ser el que gobierna tus decisiones.

Descubriste que cuanta más abundancia entregabas a tu tribu, más abundante eras tú.

Comprobaste que siempre, siempre tuviste la razón si quien la había impulsado era tu alma.

Que el poder de construirte a ti mismo en cada día sigue forjando el acero de los dones con los que naciste.

Que cuando tuviste que escoger entre lo malo y lo peor, rehusaste decidir hasta crear nuevas opciones innegociablemente válidas.

Que la musa de la Inspiración siempre te visitó mientras te mantuvieras conectado a tu propósito en este mundo.

Que las reglas de «Lo posible» se crearon para ser quebrantadas.

Que cuando buscaste con los ojos abiertos a un maestro, siempre, siempre, apareció.

Que cuando mantuviste claras tus intenciones, la «Bella oportunidad» siempre te concedió el honor de su baile.

Que en cada obstáculo que se interpuso, viste el reflejo de algo que hiciste o dejaste de hacer y aquel mensaje cuya clave solo tú pudiste descifrar.

Que tras caer y lastimarte solo hincaste la rodilla para elevarte con mayor rabia.

Que la única autoridad a la que respetaste fue a la de tu mayor contribución a este planeta.

Que cuando rendirse era la opción más clara, optaste por refugiarte y fortalecerte para la batalla final.

Que a pesar de lo impredecible del mundo mantuviste la certeza absoluta de que, pasara lo que pasase, hallarías tus recursos.

Que a lo largo del camino viajaste más ligero con una mochila rebosante de relaciones y experiencias que con una llena de las rocas de lo superfluo.

Que cuando dejaste de preguntar, dejaste de crecer.

Que el «Miedo», aun siendo ese intimidante monstruo grande y verde y temible, también te teme a ti: mientras estabas decidido a conseguir ese algo, él se ocultaba asustado en la caverna del olvido.

Que tus logros y tus pretextos nunca pudieron ocupar el mismo espacio físico.

Rompiste pues tus límites, conquistaste los territorios de lo «No-posible». Saliste de la Zona.

Y ahora estás al otro lado.

Tu gran labor, no obstante, acaba de comenzar.

Otras personas, como tú antes, están encerradas dentro de sus propios límites. Atrapadas en La Caja, cautivas en sus fronteras de cristal.

Esas personas aguardan tu guía, tu ejemplo. Tu inspiración.

Sé legendario. Enséñales a abrir su propio camino.

Agita en ellos la libertad de elegir apoyándose en tus gestas, pero sin hacer el trabajo por ellos.

Muéstrales que la aventura, el reto, el triunfo no van de la mano de la comodidad, la facilidad o la mediocridad.

Acompáñalos hasta la mismísima frontera de sí mismos, hasta los confines de su propia No-posibilidad.

Muéstrales cómo dar el paso, marcar la primera huella, ahí afuera.

Infúndeles el coraje de tu hazaña para que abracen su propio Cometido en la Vida.

El Propósito de agarrar, por fin, sus riendas.

La Misión de crear su propia aventura.

Fuera de La Zona.

La aventura continúa fuera de La Zona

Cuéntanos acerca de tus ideas, tus proyectos, tus propuestas, tus retos, tus soluciones... para conseguir aquello que tienes como meta.

¿Qué estás haciendo fuera de tu Zona de Confort? ¡Impresiónanos! (envíanos si quieres tu web, Twitter, etc. para que otros puedan verlo) y compártelo como prefieras...

1. Tuitéanos a @GregoryCajina #RLZ o #RompeLaZona (la publicaremos también en Facebook).

2. En la comunidad de www.RompeLaZona.com

3 Asiste a los eventos en vivo que organizaremos por varias ciudades en los que podrás presentar tus ideas a gente que también piensa fuera de La Caja. Como tú.

¡Inspira también a otros a Romper su Zona!

Infórmate de lo último en:

www.RompeLaZona.com

Agradecimientos

Una persona, lo que es, lo que escribe, lo que siente, lo que vive, es, en gran proporción, consecuencia de todas aquellas otras personas con las que habla, debate, ríe y comparte ese preciado tesoro que es el tiempo. Darles las gracias *a todos* sería como no dárselas a nadie, así que me atreveré a ello en pocas palabras y con un profundo afecto.

A los lectores que, tras los anteriores libros, me preguntaron acerca del *próximo libro*. Con cada uno que concluyo siempre me prometo que «este es el último» pero, gracias a ellos, decido aplicar mi propia regla de saltarme las reglas. Si siguen insistiendo, voy a empezar a considerar la opción de convertirme en autor. Gracias por compartir este tiempo juntos.

A las más de mil personas con las que he podido debatir, rebatir, tropezar, corregir, crecer en estos últimos tres años, de quienes he aprendido lo que con generosidad compartieron y comparten en cada *puesta a punto* y que han aportado valor (¡aun sin saberlo!) desde la portada hasta el texto final, particularmente: Jenny Dalhaus, Daniel Manzanas, Loren Álvarez, José Luis Mozo, Carmen Río, Ana Rodríguez, Elena Almalé, Eva Carbayo, Ana Fariñas, Irene Navarro, Fernando

Fernández, Enrique Gómez, Blue Sue, Hedwig Schomacher, Yolanda Morera, Ana M. Guzmán Hernández, Sonia Paez, Daniel Romero, Patricia Tomoe, Raquel Manchado, Miguel Luis Jiménez, Irma Fernández, Enrique Iparraguirre, Concha Barbero, Salvador Badillo, Vicky Bendito, Patricio Lombera, Mª Ángeles Casas, Mónica Murga, Javier Gómez, Antonio Uriarte, y un muy excelso etcétera.

A mi editora, Elisabet Navarro y al equipo de Oniro, por hacer posible que este libro impulse a romper cada vez más moldes.

A distribuidores y libreros, por facilitar la creación de comunidades que crecen cada vez más fuera de La Caja.

A mi agente, Marta Sevilla, de Zarana Agencia Literaria, no solo por su profesionalidad y crítica paciente, sino por su guía en estos meses.

A mis padres, por su apoyo incondicional. Sobran palabras cuando rebosa el cariño.

A mis hermanos, por sobresalir como modelos. Sois excepcionales.

A mis amigos, por obviar las distancias, los aeropuertos y las diferencias horarias, y mantenerse siempre tan cercanos como el primer día y la pasada velada. Son unos maravillosos individuos con los que sonreír y, también, llorar. De risa.

A mi pareja, por arquear la ceja cada vez que me pillaba escribiendo de noche. Gracias a ella este libro se publica en esta década. Gracias por tu generosa presencia.

Y, sobre todo, a mis hijas, por desvelarme tantos caminos aún por explorar. Benditas seáis, maestras.